生存科学シリーズ

お買い物で社会を変えよう！

"Shopping for a Better World"

編著 永田 潤子

監 修
独立行政法人科学技術振興機構
社会技術研究開発センター
「地域に根ざした脱温暖化・環境共生社会」研究開発領域

公人の友社

目　次

本書の刊行によせて …………………………………………… 3

第1部　レクチャー「お買い物で社会を変えよう」 ……… 7

1　お買い物が社会を変える？ ………………………………… 8

2　お買い物革命！プロジェクト ……………………………… 21

3　リサーチャーズクラブの成果と運営のポイント ………… 41

第2部　「リサーチャーズクラブ」づくりの手引書 ……… 47

本書の刊行によせて

お買い物行動を変えることで、持続可能な社会を構築する

「名古屋発！低炭素型買い物・販売・生産システムの実現」プロジェクト
JST 社会技術研究開発センター「地域に根ざした脱温暖化・環境共生社会」
研究開発領域　領域アドバイザー／

ユニーグループ・ホールディングス（株）

グループ環境社会貢献部 部長　**百瀬 則子**

1　プロジェクトが生まれた背景

　JST 環境領域がスタートした 2008 年は洞爺湖で環境サミットが開催され、京都議定書も批准されようとする、世界が低炭素社会構築に向かって走り始めた年でした。さらに 2 年後の 2010 年には愛知県・名古屋市で COP10（生物多様性条約第 10 回締約国会議）が開催されることが決まり、低炭素社会とともに自然共生社会構築についても、企業や NPO の動きが活発になり、一般消費者に関心が現れはじめた時期でした。

　こうした時期に、国の政策だけではなく、研究者を中心に地域の自治体や企業・市民が一緒になって、地域に根ざした持続可能な社会を構築するために、どんな方法があるのかを探ることが JST 環境領域の目的でした。

　特に「名古屋発！低炭素型買い物・販売・生産システムの実現」（お買い物革命）は、工業や交通などの部門で低炭素化が進む中で、なかなか CO_2 削減が進まなかった民生部門の市民生活を低炭素化するための新たなアプロー

チとして「お買い物」という日常生活を変えること、そしてそこに関わる生産から消費までのバリューチェーン全体で低炭素化を進めることを目指して生まれたプロジェクトでした。

2　環境に優しいお買い物

　毎日のお買い物で何気なく買っている食品や日常品を、「買うことで環境に貢献できる」商品や売り方に変えれば、お買い物が環境貢献につながるのではないかと考え、実証試験を行い、検証しようとしたものがこのプロジェクトです。

　そこには「CO_2を削減したい小売事業者」と「環境や社会に貢献したいけれど、大変なことはしたくはない消費者」が存在し、そして両者を繋げたこのプロジェクトがリサーチャーズクラブの活動で、「環境にやさしいお買い物」を具体化することができたのです。

　協力した小売事業者は、環境に優しいお買い物を通して「お客様と一緒に持続可能な社会構築」を目指し、名古屋を中心に店舗展開している総合小売業（大型スーパー）で、2008年には環境大臣とエコ・ファーストの約束を交わした、環境対策には熱心な企業です。

　また地域自治体の名古屋市は「環境対策を市民と一緒に推進する」大都市であり、市をあげて容器包装3Rを進めるなど、お買い物革命を実証する土壌はできていました。

　しかし、どのようなお買い物行動が低炭素化に有効なのか、それをどう消費者や地域の小売事業者に広めていくのか、また商品や流通をどう変えていくのか・・・など、名古屋市も小売事業者も試行錯誤していました。

　このプロジェクトでこうした「思い」を実証し、実現していくことに、大いに期待をしました。

3　小売事業者と消費者の協働

　どんな買い物行動が環境影響を少なくすることができるのか、どんな商品が CO_2 を削減できるのか、などを考え、調べ、消費者に知らせることで行動を変え、低炭素社会構築を図ることを、小売事業者と消費者が協働で推進する取組がリサーチャーズクラブの活動です。

　リサーチャーズに参加した消費者は、毎日のお買い物行動を見直すことで、環境に優しいお買い物を提案し、他の消費者に広げる活動を進めました。

　例えば、スーパーで買う地元産の露地栽培の野菜と海外からの輸入品では、生産や輸送に使われたエネルギー量は随分違います。また、容器包装が大きく素材がプラスチック製の商品と、小さな紙製容器のものでは、使い終わった後のごみの量や焼却した時に発生する CO_2 の量の差は大きいでしょう。そういった、商品由来の環境負荷が少ない商品を選んで買うことが、環境に優しいお買い物になるのではないでしょうか。

　小売事業者は販売を通して、消費者は購入することで環境に貢献できる、そうしたお買い物を具現化し、「お買い物で低炭素社会」を実証しました。

　最初、こうしたリサーチャーズからの提案を、商品仕入れ担当のバイヤーや店舗運営に関わる従業員と一緒に売り場で実践し、消費者がどう影響を受け買い物行動が変わったかを調べました。バイヤーや売り場従業員は、提案に同調しても売り場への影響、特に売上が気になってなかなか行動に出られないなど、思いと行動が一致しないようなことも見られましたが、リサーチャーズクラブの消費者への情報提供などが買い物行動変化に効果があることが分かると、積極的に売り場に取り入れるようになりました。

4　成果と課題

　消費者と小売事業者が協働で「買い物行動を変えて低炭素社会実現」を果

たす活動は、リサーチャーズクラブの活動結果や、環境配慮商品の販売などで実証されましたが、企業は営業活動を優先し、消費者は価格で商品を選ぶという傾向は、景気が後退すると進んでしまいます。

　消費者が商品を選ぶ時に、品質や価格だけではなく、環境や社会に貢献するという情報を伝えることで消費行動が変わる、そんな商品や情報発信ができる仕組みづくりを、リサーチャーズクラブの今後の活動で推進していただくことを期待しています。

5　今後目指すもの

　リサーチャーズクラブが全国各地で発足し、小売事業者や生産者と協働で、環境に優しいお買い物を次世代に送り届けられることを望みます。

第1部

レクチャー
「お買い物で社会を変えよう」

1　お買い物が社会を変える？

　「お買い物を通じて社会を変えよう」と聞いて、皆さんはどういう印象をお持ちになりますか？

　Aさん：「自分の生活は変えられるとしても、それをどうやって社会へ向けていくのだろうかと思いました。」

　お買い物は個人の行動ですので、それが社会とどう結びつくのかは、すぐにイメージしづらいですよね。では、お買い物を通じて環境問題を解決するというと、どんな印象をお持ちになりますか？

　Bさん：「買い物弱者ということが言われています。都市にもそういう問題があります。そういう人間環境の問題があり、個人の問題を社会でどう解決するかということもあります。もうひとつは中国からの輸入農産物などの問題に代表されるように、品物が安ければいいから良い、というのではない。農薬の危険性に対する不安、食の安全性、環境といった全体との課題もあります。安ければ良いのではないと考えることが、個人の行動が社会を変えることにも繋がるということでしょうか。」

お買い物をめぐる課題はいろいろありますね。その中で、「お買い物を通じて社会を変えよう」と聞くと、日常行為のなかで個人のお買い物のあり方を変えるという話なら理解できるが、社会を変えるということに個人の行動がどう繋がるのか・・・なかなかイメージしづらいと思います。

　まず導入部分として、「断捨離は世界を救う」ということからをお話しましょう。この言葉に頷く方もおられるようですが、"断捨離"はそもそも仏教用語です。
　「断つ」、「捨てる」、「離れる」ですから、最近は自分にとって不要なものを処分するという意味で使われています。この"断捨離"という仏教用語を、物の片付けに絡めて人々の生活に変化を起こすという内容が注目され、ブームになりました。

　その片づけたいものの中に、まだ十分使用可能なものがあったとしたら、どうなさいますか？
　イギリスに「オックスファム（Oxfam）」という国際協力NGOがあります。(**写真1-1～1-3**) このNGOは「オックスファム・ショップ」を国内で700店以上展開しており、お店で寄付物品やフェアトレード商品などを販売し、年間売り上げは約112億（2012年）億円に達しています。家庭で不要になったものというのは、「私にとっては不要だけど、誰かにとっては必要」という側面があるかもしれません。そういったものを家の中でそのままにしておく、他の方に差し上げる、リサイクルショップに売るなどさまざまだと思います。それをオックスファムに寄付する。そうするとあなたの寄付したものが販売され、その利益がアフリカの子供のワクチンや、さまざまな問題解決に繋が

写真1-1　国際協力NGOが経営する「オックスファム・ショップ」

写真1-2　国際協力NGOが経営する「オックスファム・ショップ」

る資金になるという流れを生むことができます。

　このオックスファムのお店での販売や運営は基本的にボランティアが担当しています。ボランティアの人が各自、スケジュールの空いている時間に登録しています。店内は非常に綺麗で、センスの良いウィ

1　お買い物が社会を変える？　11

写真1-3　国際協力NGOが経営する「オックスファム・ショップ」

ンドウディスプレイ、女性物の商品が多く、お客さんも寄付者も女性が多くいるようです。更に、店内には物品寄付を呼びかけるポスター等が掲示されています。そして、街を歩くと、街中に設置されたオックスファムの不要品の回収BOXを見かけます。(**写真1-4**)

　不要になった衣服などを、このBOXに入れることで、誰でも自由にこの活動に参加できる仕組みになっています。

写真1-4
オックスファムの
不要品の回収BOX

韓国には「美しい店」というNGOがあります。美しい店でも同様に寄付商品を販売し、ここでもボランティアが主体的にお店の運営に携わっています。(**写真1-5**)

美しい店は企業との連携を上手に取り入れています。例えば、結婚式のウェディングドレスを作っている会社が、最新のウェディングド

写真1-5　韓国のNPOが運営する「美しい店」

レスを無料で、結婚するカップルに貸してくれます。その代わりに、借りたカップルはご祝儀の何パーセントかを、美しい店に寄付をするという仕組みになっています。結婚式というのは、多くの人が幸せな気分になります。幸せな気分になると、多分「幸せのお裾分け」ということも起こりやすく、また良い記念にもなりますね。ウェディングドレスのレンタル料を払うのではなく、最新のデザインのドレスを借りて、寄付をする。これは企業にとっても社会貢献もでき、美しい店、カップル、更には結婚式の参加者すべての人が関われる取り組みだと感じます。

また、環境講座を主催するときには参加費を無料にするのではなく、家にある不要品を持ってきてくださいと呼びかけ、それが参加費になるということもしています。
　このように、私たちの暮らしの何気ないちょっとしたこと、モノを廻すことで、「オックスファム」や「美しい店」の例のように、社会の問題解決に参加ができる、ということが見てとれるかと思います。
　そのためには、「参加できる機会や場があること」がポイントです。

　次に、企業の社会貢献に目をむけてみましょう。
　企業は環境への配慮や地域貢献などさまざまな取り組みを実施しています。その中に「寄付つき商品の販売」というものがあります。マーケティングの分野では、これを「コーズマーケティング」といいます。「コーズ」は「大志」、「大きな志」という意味です。「コーズマーケティング」も「お買い物から社会を変える」可能性があります。
　例えば、ボルヴィックの「1ℓ for 10ℓ」はという言葉を聞いたことはありませんか？これは、ミネラルウオーターのボルヴィックの販売量に応じた金額がアフリカに井戸を掘る資金として寄付されるというもので、1ℓの水が売れたら、アフリカで清潔で安全な水10ℓ分の井戸を掘ることができるということをアピールしています。
　また、森永製菓では、「1チョコ for 1スマイル（あなたが食べると、もう一人がうれしい）」という寄付つき商品を販売しています。対象のチョコ1箱に1円の寄付がついていて、カカオの生産をしているアフリカの子供たちのために寄付するというもので、2014年は約1億8400万円が寄付されています。また、アサヒビールはスーパードライを、「うまい！を明日へ！」プロジェクトとして地域密着型での寄付活動につなげ、例えば、関西ではスーパードライの売り上げが小学

校の校庭の芝生化に使われました。

　このコーズマーケティングには、批判的な見方もあります。
　例えば、寄付額の算定はその時期の出荷額で決められていることが多く、店頭での消費者のひとつひとつの購買がその都度に寄付に繋がる仕組みではありません。また、期間限定の取り組みであり、寄付は決まっているものなので企業イメージの向上や販売プロモーションのひとつではないか、といった批判です。私自身は、「社会の問題を共有したり、認知できる」という視点からコーズマーケティングを評価しています。
　なぜなら、店頭で商品を目にすること、あるいは購入することで、自分と世界、例えばアフリカの子供たちへと思いをはせる機会になります。毎日、膨大に届けられる情報の中で、店舗で商品を買うときに目を留める、考える機会になる。このように、社会や世界の問題を知るという意味で、企業のPR力は大きいと思います。また、寄付をするために、振り込みに行くといった手間もいりませんので、気軽に参加できますね。

　ところで、みなさんは、コーズマーケティングの商品を目にしたことがありますか？
　コーズマーケティングの中で認知度の高いものはボルヴィック、アサヒビールなのですが、「知らない」という回答も高いです。

　また、皆さんはチョコレートを買うときに、好きなメーカーはありますか？
　そして普段はＡのチョコが好きだとして、寄付つきのＢが店頭に

あった場合に、ＡとＢのどちらを買いますか？寄付つきのチョコを買いますか？

Ｃさん：「買わないかも」

Ａのチョコが好きだという人はやはりＡを買ってしまいますよね。寄付がついているからといって、そちらを選択する人は実際には少ないのです。実際、アサヒスーパードライについては、「聞いたことがある」20.1％、「購入・参加した」7.4％。森永製菓のチョコレートについては、「聞いたことがある」11.5％、「購入・参加した」3.5％という調査結果もあります。[1]

食べものなどの商品は、やはり主観的に決定される「味」が大事だったりします。また、ティッシュペーパーについても同様な声を聞くことが多いです。
皆さんのおうちで使っているのは再生紙ですか？それとも違いますか？
ティッシュペーパーやトイレットペーパーは使い心地にこだわるアイテムのようです。金沢であるワークショップをしたときに、環境に取り組んでいる方たちを中心に集まっていただきましたが、トイレットペーパーやティッシュペーパーは再生紙使用のものが多くありますが、環境に良いだけではモノを選択することはなかなか難しく、「使い心地」も大事な要素で、家族から「ティッシュペーパーは再生紙ではないものを」という声が出ている、とのことでした。企業側の努力

---

[1] 日経消費ウォッチャー 2010 年 6 月号

で使い心地の良い再生紙の製品もあるようですが、その家族の声に、「どのように答えるのですか」とお聞きしたら、一刀両断、「環境が大事。」とのお答えでした。個人の価値や嗜好、そして環境の問題の両立を工夫する方法を考えることも大事ですね。

　ここで、名古屋での「お買い物革命！プロジェクト」の取り組みのヒントになった、アリス・テッパー・マーリンさんが作った"Shopping for a Better World"という本のお話をしたいと思います。（**写真1-6**）1990年に近いころ、アリスさんらが「企業の良心を評価する」という趣旨で作成した本で、女性のハンドバックに入るサイズでした。
　ケチャップを買う際に、例えば、ハインツという会社のページを開くと、ハインツが児童労働をしていないか、環境に配慮した行動をしているか、武器輸出に関するかかわりがないか、マイノリティや女性の登用をしているか、など企業と社会とのかかわりに関する項目、今でいう企業の社会的責任に関する項目の評価が判るものでした。まるで、企業の通信簿のようですね。結果、なんと5人のうち4人まで

図表1-6　Shopping For a Better World（アリス・テッパー・マーリン）

が買い物の仕方を変えたという驚くべき変化が生まれました。これは、まさにお買い物を通じ企業に影響を与えた取り組み事例です。この小冊子は大変売れたのですが、その後アリスさんらは小冊子の発行をやめました。どんなことがおきたのでしょうか。

　アリスさんらは各企業の公開されている情報で評価をつけたのですが、それによって消費者の5人のうち4人までが購買行動を変えた、売り上げが変わってしまうということは、企業としては大変怖いことです。何が根拠なのか、企業が訴訟を起こしたことで、ついにアリスさんたちは出版をやめ、現在は人権に特化した切り口での活動をやっています。

　このことからも分かるように、企業が一番気にするのは誰でしょう。
　政府よりも消費者が一番影響力を持っているのですね。特に、消費者の中では女性です。例えばお買い物に関する購買決定権のうち何割を女性が持っていると思いますか？実感としてはどうですか？

Dさん、Eさん：「フィフティフィフティ」「9割はかみさん」

　近いですね。女性の購買決定権は、7割から9割と言われています。7割というのは家とか自動車というような比較的値段の高いもので、9割というのは日用品から白物家電（洗濯機、冷蔵庫、炊飯器）などです。車は運転しないにも関わらず、奥さんや娘さんの意見で決まる。このように、女性たちの買い物の仕方が変わることが、企業にとっては政府から言われるよりも、敏感に反応せざるを得なくなるという特徴があります。

　私がマーケティングに関する調査分析のお手伝いをしていたとき、

女性の購買決定権が高い中、逆に男性が強く女性をリードして購買に至るものがありました。それは何だと思いますか？　男性が強く女性に意見して買うもので、高価なものです。

Dさん他：「お墓ですか？」（笑）「環境に関係があるもの」「コンピュータ関連」「節電型の何か」

　太陽光発電でした。

　売電の仕組みの確立が左右していると思いますが、女性側からすると「環境が大事なのはわかるが、元が取れるか否かのものに、200万。だったら、他のものに使いたい。」という話になるのかもしれませんね。「社会に役に立つ」とか、「長い目で見たら地球環境に良い」などの理由から、男性がリードして購入を決めているものでした。

　この事例から、「暮らし目線」と「社会目線」の2つが必要だと思いました。

　例えば、「いろはす」というペットボトルの水があります。ペットボトルの商品はかつてゴミを出すときに、ラベルをはがすのが大変でした。「いろはす」のようにつぶしやすくて、ラベルがはがしやすいものが出た時に、多くの女性たちは、日本コカ・コーラ㈱に対して「なんて環境のことを考えてくれるのだろう」と思ったそうです。ゴミの分別は主に女性たちがする状況から、そういう細かいところまで配慮をしている企業は、環境と消費者のことをちゃんと考えている！というような評価になるのです。

　また、「エコ検定」というものがありますが、その受検者の7割は男性だそうです。しかし、エコバックを使用している男性の比率は受検率からすると少ない気がしますが、どうでしょう。エコバックひと

つ使用したからといって、CO_2 の削減量にどれだけ貢献するのかといえば、少ない。それだったらグリーン調達をやった方がいい、またはカーボンオフセットのような取り組みが必要だということを男性は思っているようです。ここでは、話を分かりやすくするために、男性・女性という表現を使っています。

　「社会目線」とはカーボンフットプリント、カーボンオフセットやグリーン調達などの目線です。「暮らし目線」とは、ペットボトルがつぶしやすい、はがしやすい、などの目線です。社会の仕組みを通じて環境問題を解決する「社会目線」と、個人の暮らしを通じて環境問題を解決する「暮らし目線」の２つが大事だと思います。

　CO_2 の削減には大きくは繋がらないかもしれないけれど、マイボトル、マイバックを持っていくというような日々の「暮らし目線」は参加しやすく、日々の行動からアプローチできます。更には、共感を生みます。共感があれば人は行動を変えてゆけます。その個人が参画する機会、社会で一体となって、カーボンフットプリントや、カーボンオフセットで大きく CO_2 の削減量に繋がることをする「社会目線」の２つを合わせた「地球目線」が必要だと思っています。

　アリスさんらの活動は、結果として企業と敵対関係になりました。
　勿論、健全な圧力になることは必要ですが、企業と戦わずに消費者からの影響力を活かしながら、社会がよりよい方向に変わることができないかでしょうか。

　市場、お買いものを通じた社会変革という視点で考えれば、持続可能な企業の製品・サービスに共感した消費者が購入することによって企業を支えるなど、良い循環が起こる、お互いにとって幸せ（ウイン

ウイン）になるようなプロジェクトができないものかと考えました。(図表 1-7)

更に、私自身これまで、仕組みを変えることは大事だと考え、行政を通じた改革やプロジェクトのお手伝いをしてきましたが、行政の意思決定は時間もかかる上に、さまざまな制約があります。また、「公共」というのは社会全体を指すと考えれば、公共の問題は行政のみが解決するものではないですね。

ですから、ここまでお話ししたように
1　個人個人が参画できる機会や場を創出する
2　企業の購買や発信力を活かす
3　暮らし目線と社会目線でアプローチする
4　消費者と企業がウィンウィンの関係で取り組める

をベースに、"市場を通じた「お買い物」"という行動、暮らしを通じて個人個人が参加できる活動のほうが、社会を変えるのに早いのではないかと思っています。

図表 1-7　市場（おかいもの）を通じた社会変革

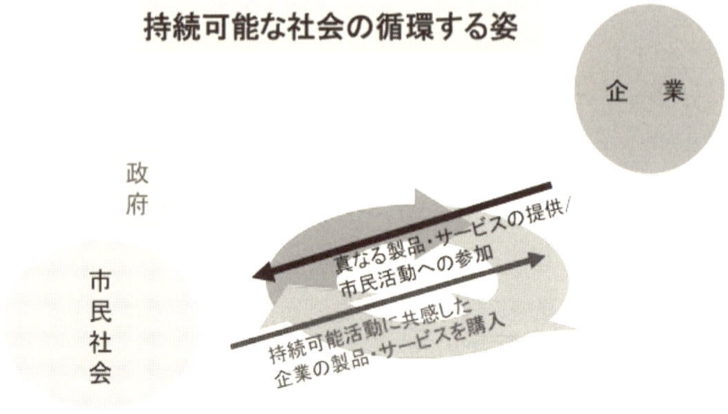

持続可能な社会の循環する姿

企業

政府

市民社会

真なる製品・サービスの提供/
市民活動への参加

持続可能活動に共感した
企業の製品・サービスを購入

2 お買い物革命！プロジェクト

　それでは、名古屋で実施した「お買い物革命！プロジェクト」のお話をしたいと思います。

　このプロジェクトは、(独) 科学技術振興機構 (JST) 社会技術研究開発センター (RISTEX) の「地域に根ざした脱温暖化・環境共生社会」研究開発領域に採択された研究開発プロジェクトで、正式名称は「名古屋発！低炭素型買い物・販売・生産システムの実現」です。

　消費者、流通販売者、生産者が低炭素型社会に向けて、それぞれの

図表2-1　名古屋発！低炭素型買い物・販売・生産システムの実現の概念図

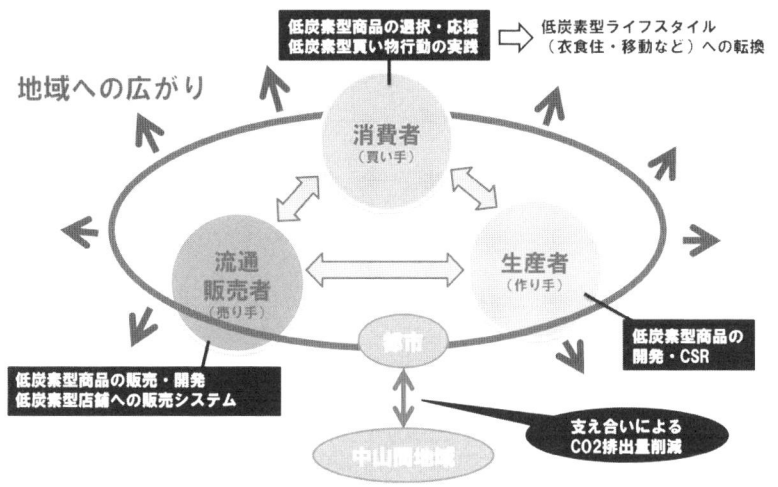

役割を果たすことを目指してスタートしました。(図表 2-1)

　当初、プロジェクトでは、「お買い物行動の見える化」に取り組みました。

　見える化とは、例えば、スーパーのレシートに、「地産地消」のトマトを買ったら「A」が表示され、「旬産旬消」というハウス栽培されていないレタスを買うと「S」と出ます。さらに簡易包装は「K」、有機栽培は「Y」など、個人の「環境に優しい買い物行動がレシートで表示され、なおかつそれがポイントに加算されて、貯まるというシステムの開発です。(図表 2-2)

　このようなレシートが出たら、みなさんのお買い物はどう変化しますか？

　　Fさん：参考にはなる。ただ、そのことで買うものが変わるかどう
　　　　　かはわからない。

　先ほどの寄付つき商品と同じように、レシートの表示やポイントだけではお買い物が変わらないかもしれませんね。さらに、環境に優し

図表 2-2　当初の取り組みであった「お買い物行動の見える化」

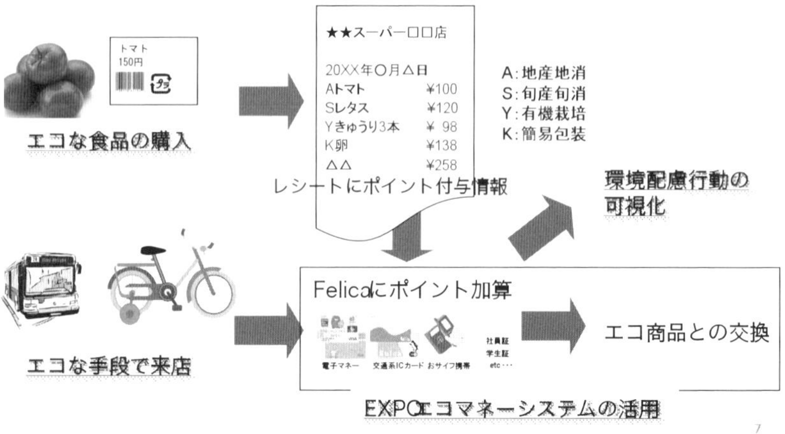

い要素が表示されないものを買った場合はどうでしょうか。自分のお金を使う買い物なのに、小さな罪悪感を感じるという声もありました。また、慣れてきてしまうと表示そのものを気にしなくなる、という声もありました。

更に、お買い物行動と環境負荷度の観点から見ると、来店手段の影響度が高いです。スーパーにマイカーで来るのか、バス、自転車で来るのか、徒歩で来るのかです。

そこでどのくらいのポイントを付けたら、買い物をマイカー以外の公共の手段で来店してもらえるのか、「いくら分のエコポイントがついたらバスで行ってもいいと思いますか？」と、そのインセンティブについても調査をしました。

みなさんはいくらだったら、バスにしますか？

Eさん：バス代は最低限にもらいたい金額かな。

500円でした。エコバックの10円分のエコポイントに比べ500円分のエコポイントが得られなかったら、バスにしようと思わないという結果でした。マイカーだと大きな買い物荷物もそのまま運べますし、ドアtoドアで便利ですからね。

しかし、500円のポイント付与はお買い物の頻度を兼ね合わせると、ポイントを付与する側にとって現実的ではないですね。確かに、人の行動を変えるために、最初のインセンティブは必要ですが、持続可能な方法を模索する必要が出てきました。

そこで、マーケティングの視点から組み立てを考えることにしました。

プロジェクトで実施した「ライフスタイルと環境意識・行動」に関する調査では、約60％の人が社会や地域、環境に「お金をかけずに貢献したい」と考えています。

一方、「家族や仲間との時間」や「健康管理」は「お金（多少も含む）を払っても」大切にしたいと考えている人が84％でした。(**図表 2-3**)

この調査では、「環境貢献には多少お金を払っても実施したい」人は約20％ですが、その他の同種の調査では「多少高くても環境に配慮したものを買いたいですか？」の回答はより高い比率になります。この「多少お金を払ってでも貢献したい」の回答比率の高さは正直な気持ちを反映していると思います。環境問題は大事ですし、そうしたいという気持ちの顕れがアンケートの「〇」となります。これは地球

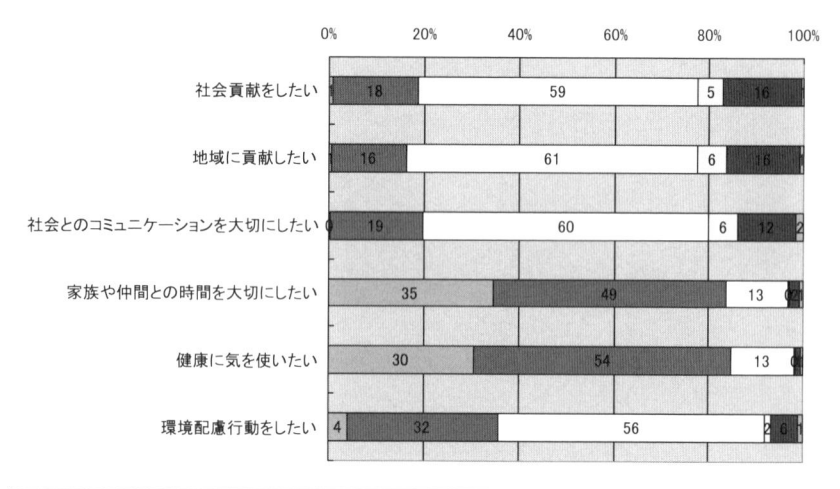

図表 2-3 「ライフスタイルと環境意識・行動」に関する調査

項目	お金を使っても実行したい	多少お金を使っても実行したい	お金は払いたくないが実行したい	全く興味がない	わからない	無回答
社会貢献をしたい	18		59	5	16	
地域に貢献したい	16		61	6	16	
社会とのコミュニケーションを大切にしたい	19		60	6	12	2
家族や仲間との時間を大切にしたい	35	49		13		
健康に気を使いたい	30	54		13		
環境配慮行動をしたい	4	32	56	2	6	

市民としての顔です。

　しかし、スーパーの売り場で、いざ価格を見たらどうでしょうか。そこでは消費者の顔が強くなります。地球市民としては環境に配慮したい、子供たちの将来のことを考えたら、多少高くても環境にいいものを買いたいと思う。しかし、実際に売り場にいくと消費者の顔が出てきて価格が気になるわけです。

　また、プロジェクトで実施したスーパーへの来店に関する調査では、「お店に意見を言える場があると来店回数が増える」人が47％となっており、消費者は流通販売者とのコミュニケーションをより求めていることが判ります。（図表 2-4）

　「消費者は価格でしかモノを買わない」とマスメディアなどで良く指摘されていますが、本当でしょうか？キュウリが売り場にあったと

図表 2-4　スーパーマーケットでの取り組みと来店回数

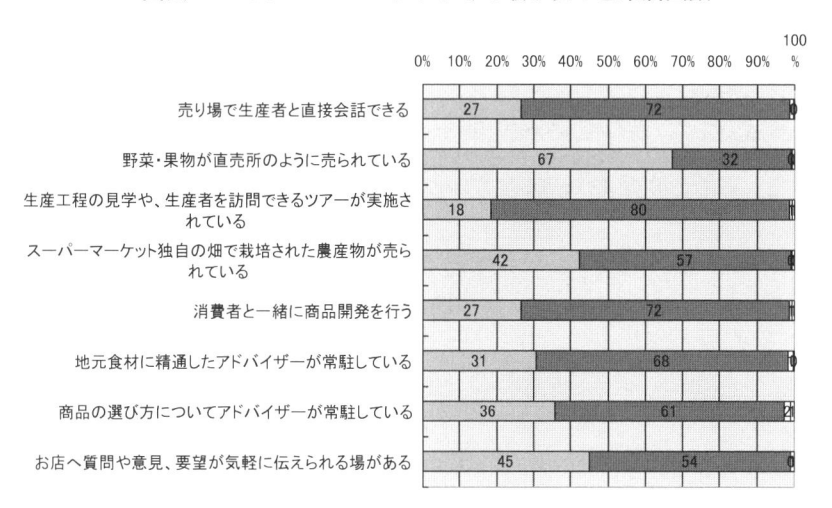

取り組み	増えると思う	変わらない	減ると思う	無回答
売り場で生産者と直接会話できる	27	72		
野菜・果物が直売所のように売られている	67	32		
生産工程の見学や、生産者を訪問できるツアーが実施されている	18	80		
スーパーマーケット独自の畑で栽培された農産物が売られている	42	57		
消費者と一緒に商品開発を行う	27	72		
地元食材に精通したアドバイザーが常駐している	31	68		
商品の選び方についてアドバイザーが常駐している	36	61	2	
お店へ質問や意見、要望が気軽に伝えられる場がある	45	54		

きを、想像してみてください。2種類のキュウリがあって、産地と価格しか情報がなかったら、価格を優先してキュウリを買いませんか。しかし、価格の差の情報がそこにあったらどうですか？例えば、20円高い方のキュウリに「みずみずしさが違います。サラダでお試しください。」と書かれてあったらどうでしょう。消費者は値段が安いものしか買わないといっているのは、売り場で産地と価格の情報しかないからであって、他の情報を見れば、価格だけでモノは買わないのではないか、こういうことがマーケティングの視点です。人がモノを買うプロセスの中にマーケティングの視点を加えてプロジェクトの社会実験を組み直すことにしました。(**図表 2-5**)

第一章の「お買い物で社会を変える」でお話したように、
 1 個人個人が参画できる機会や場が創出する
 2 企業の購買・発信力を活かす

図表 2-5　調査から見えてきたこと

環境意識は高く、危機感もある
環境配慮型商品の認知度もあがっている
手軽な環境行動は実践、ライフスタイルの転換には至っていない
生産者や流通とのコミュニケーションを求める
「市民の顔」と「消費者の顔」がある
健康・家族との時間などに価値を見出す

3　暮らし目線と社会目線でアプローチする
　4　消費者と企業がウィンウィンの関係で実施する
をベースに、さまざまな調査から見えてきた
　5　マーケティングの視点を活かす
を加え、消費者である買い手と、流通販売者という売り手、更には生産者という作り手の3者が相互に学び合いながら、お買い物を通じた社会問題の解決（ここでは低炭素型社会へ向けたお買い物）にアプローチしたプロジェクトが、お買い物革命！プロジェクトであり、そのアプローチ手法が「リサーチャーズクラブ」です。

　実際に、名古屋地域の消費者、スーパーマーケット（ユニー㈱）、百貨店（㈱ジェイアール東海髙島屋）のご協力を得て、流通販売者、消費者との対話と相互学習を促すプラットホームとして"リサーチャーズクラブ"を作り、取り組みを実施しました。(**図表 2-6**)

　リサーチャーズクラブに参加する消費者は公募をし、第1期はユニー㈱のアピタ千代田橋店で18名の消費者が、第2期では㈱ジェイアール東海髙島屋で12名の消費者が、半年間月1回のミーティングを重ねながら、最後は店舗での実証実験もしました。(**図表 2-7**)

　ミーティングというと、会議室で行うのが普通だと思いますが、会議室では他のお客さんには見えません。敢えてスーパーや百貨店のフロアでミーティングをしました。買い物に来た他のお客さんが「リサーチャーズクラブ」というのを見て、「何をしているのだろう」と、興味や関心を持ってもらうようにも工夫しました。

　まず、アピタ千代田橋店で消費者とユニー㈱の担当者とで実施した取り組みを紹介しましょう。

28　第1部　レクチャー「お買い物で社会を変えよう」

図表2-6　対話・相互学習型プラットホーム「リサーチャーズクラブ」

「リサーチャーズクラブ」

消費者　応募・選抜／情報発信　⇄　リサーチャーズクラブ　⇄　流通販売者 スーパー 百貨店

第1期
・協働企業：ユニー㈱
・活動期間：2010年9月～2011年3月
・メンバー：女性生活者18名
・テーマ：容器包装、エコ商品・PB商品、野菜

第2期
・協働企業：㈱ジェイアール東海髙島屋
・活動期間：2011年5月～2011年12月
・メンバー：女性生活者12名
・テーマ：適正包装、お買いもの基準

日常的な買い物は削減ポテンシャルある
三者の関係性の作り直しのアプローチ
おかいものコミュニティから地域とつながる

図表2-7　ユニー㈱、㈱ジェイアール東海髙島屋との活動の様子

■ユニー㈱様との取り組み
バックヤードツアー、売り場調査
ミーティング、ワークショップ
【テーマ】
①容器包装②食
③エコ商品、PB商品
デモンストレーション

■㈱ジェイアール東海髙島屋様との取り組み
売り場調査、ヒアリング
ミーティング、ワークショップ
【テーマ】
①適正包装
②お買いもの基準
デモンストレーション

活動は、お買い物に関して疑問だと思うこと、こんなことが解決できたらいいのに…を、みんなで自由に出し合い話し合うことからスタートました。

その結果、ゴミの削減や容器包装について考える「容器包装」、旬産旬消、有機栽培などの食卓からエコを考える「食」、そして、環境配慮型商品やプライベート・ブランドに関する理解を深める「エコ商品・PB商品」の3つのチームに分かれることにしました。（図表2-8）

半年間、売り場調査やバイヤーさん・売り場の担当者さんへ気軽に質問をしながら現状を学んだり、メンバーと担当者、メンバーどうしが意見交換をしながら活動を実施しました。

食卓からエコを考える「食」チームは、野菜を軸に低炭素型のお買い物を考えてみました。野菜の買い物でCO_2削減に貢献するのは、

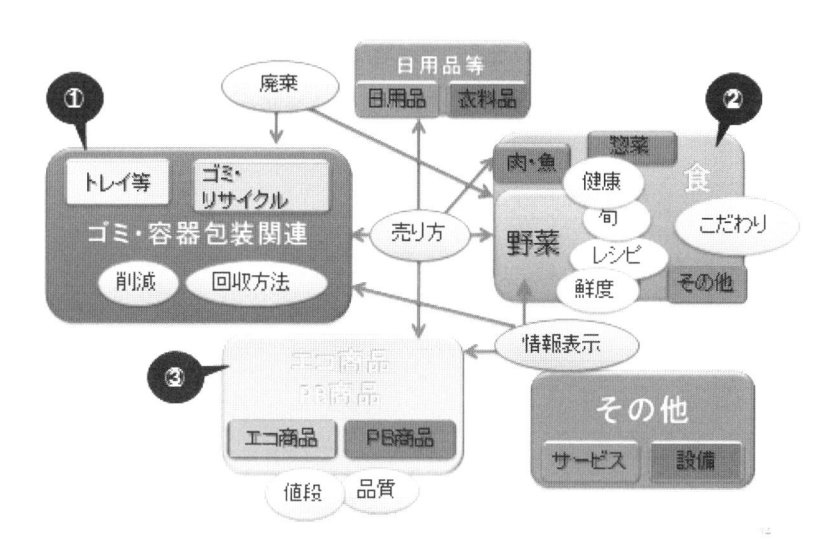

図表2-8　おかいもの革命！「リサーチャーズクラブ」
〜3つのテーマの関心ごと〜

ハウス栽培されていない野菜を買うことです。東京を例にすると、北海道で生産された野菜を東京まで運ぶ場合、距離がありますからフードマイレージは高いですね。逆に、東京近郊で生産された野菜の方が近い分、飛行機やトラック利用の輸送時のCO_2排出量は抑えられます。しかし、東京の近くでもバイオ燃料等ではなく石油系の燃料を使ってハウス栽培した場合は、北海道から持ってくる露地栽培されている野菜よりもCO_2を出しているのです。距離よりもどのような生産過程をたどったかの方が環境負荷度に関係するのです。

では、このCO_2排出量を考えて、「環境のために冬にトマトを食べるのをやめましょう」と言われたらどうですか。

Gさん:「ちょっと寂しいです」

そうですね。私もお弁当のプチトマトは、やはり入れたいと思いますし（笑）、お買い物が楽しくなくなりそうですね。

では、先ほどの「家族の健康や幸せにはお金を出す」という調査結果にヒントを得て、冬のトマトではなく大根を買ってほしいと思ったら、大根にどんな誘い文句があれば買いますか。

例えば、「大根は風邪予防になる」といわれたら、大根を買う機会に繋がるかもしれません。しかも冬場に美味しいものです。ですから、野菜の情報表示を「美味しい」「健康にいい」更には、「その土地ならではの野菜です」といった表示することを考えました。こうすれば、CO_2の話を一切しなくても冬の大根を買う人が増えるかもしれないと、プロジェクトでは考えたのです。「環境」を前面に出さず、入口は健康から入り、結果として環境に配慮した買い物になっていけば

いいのではないか、と話し合いました。(**図表 2-9**)

　私も改めて知ったのですが、今は「旬」が判りにくくなっているようです。昔は流通技術も低く一定の地域内でしか流通しなかったため、季節を過ぎると手に入りにくい野菜があるので、「旬」が判り易かったのですが、今は北限と南限、日本の南北差を生かして、季節で産地を移動させて仕入れ先を変更し、売り場に安定的に届くようになりました。こうした流通の事情についても、メンバーはひとつひとつを担当者や売り場から学び、知り、最終の店舗実験に結び付いています。

　実際のデモンストレーションですが、愛知県産（地産地消）の露地栽培（加温・加冷していない）された野菜を5つ選び、店舗で実証実験をすることにしました。
　「白菜の芯は生で食べると美味しい」とか、「長ネギは白いところと緑のところの境目で切って保存すれば萎びにくい」など、野菜の美味

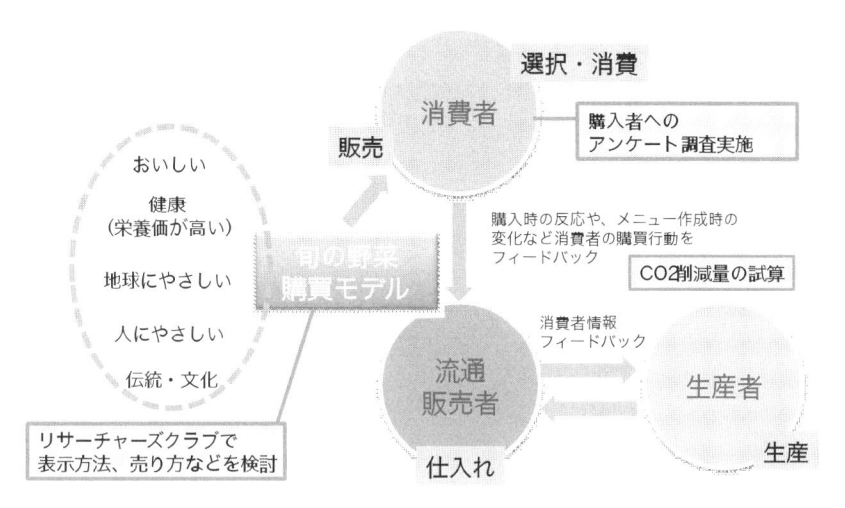

図表 2-9　野菜の低炭素型購買モデル

しい食べ方や保存方法をバイヤーさんにヒアリングしたり研究し、リサーチャーズクラブで料理レシピも開発しました。(図表 2-10)

　このレシピ開発も冷蔵庫に普通にある調味料を使って作ることに注意しながら開発しました。これも消費者目線だと思います。もし家の冷蔵庫にないような調味料があるとわざわざは作れない、と思ってしまいますよね。ですので、メンバーが自分たちで作ってきたものを、レシピ集にして売り場でピックアップできるようにもしました。ユニー㈱のご協力を得て、1ヶ月間こうした情報表示をし、他の消費者の野菜の買い方が変わるかどうかをテストしてみました。その際、お店の売り場にやたらいろいろな情報を表示すると、売り場が煩雑になりますので、バランスも考えながら実施しました。

　1ヶ月間の変化を、これらの情報表示をしていないお店と比較した結果、消費者の購買行動が変わる可能性があることが分かりました。

図表 2-10　店舗におけるデモンストレーションの様子

愛知県産露地野菜（ブロッコリー、白菜、長ネギ、キャベツ、ほうれん草を PR）

調査が東日本大震災の時期となりましたので、放射能といったその他の要因も考えられますので、「購買が変わる可能性がある」という指摘でとどめることになりました。

「エコ商品・PB商品」チームでは、「自らお試し」ということをしました。(**図表2-11**)

これは、ユニー㈱が出しているエコ商品やPB商品、例えばキッチンタオル、再生紙、トイレの洗剤、テーブル拭きなどを、メンバーが実際に使ってみて、その結果や感想を「使ってみました」とのPOPを作成し、売り場で表示しました。(**図表2-12**)

消費者から見ると、企業からの情報表示だと良いことしか書いていないのでは、というイメージがあります。しかし、同じ消費者が使ってみて、「これはお奨め」とか、まさに「自ら」書いた情報表示があることで、より伝わりやすいと考えました。

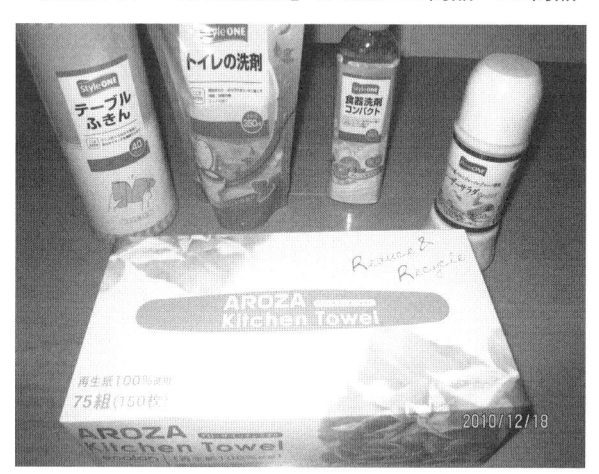

図表2-11 「自らお試し」をしたエコ商品・PB商品

図表 2-12　使ってみました！リサーチャーズメンバーリアルボイス

　この「自らお試し」の際、メンバーは自分達のお財布を開いて、自分達が試したい商品を購入しました。

　「容器包装」チームは店舗での聞き取り調査を中心にした、デモンストレーションを実施しました。例えば、「Yes /No アンケート」では、「あなたは個別包装派ですか？」などです。おせんべいなどの袋菓子は、中身がそのまま大きな袋に包装されているものと、個別包装との両方がありますが、皆さんはどちらを選びますか？

　　Hさん：個別包装かな。分けやすいから。

　「場面にもよる」のかもしれませんが、どちらをどう納得して選ぶか、私が質問したのと同様に問いかけやデモンストレーションがあると足を止めて、考えるきっかけになりませんか。

「トレイは必要ですか？不要ですか？」、更には「リサイクルセンターを利用したことはありますか？ないですか？」などです。
　リサイクルセンターの利用に関する聞き取りでは、「No」の人が多い結果になりました。しかし、メンバーが店舗で聞き取ることによって、「リサイクルセンターってどこにあるの？」という質問が実際に寄せられたり、環境について考えるきっかけになったようです。チラシを配るよりもよほど伝わる力があります。
　更に、ユニー㈱の容器包装やリサイクルへの取り組みを、メンバーが見聞きし調査するうちに、この進んだ取り組みを利用者に伝えることが大切だと考え、自発的に紹介するボードを作成しました。（**図表 2-13**）
　消費者が流通販売者の良い取り組みを支援する、相互にウィンウィンを生む事例だと思います。

図表 2-13　ユニー㈱の容器包装やリサイクルへの取り組みを伝えるボード（容器包装）

36　第1部　レクチャー「お買い物で社会を変えよう」

　３つの取り組みは、メンバーとユニー㈱の担当者とが一緒に話し合いながら、情報表示はこんな風にしたらどうかなど提案しながら進めました。

　新聞でも、リサーチャーズクラブの活動がユニークで面白いと何度か取り上げられました。(図表 2-14)
　こうした活動は目立たないと伝わらないので、例えばポスターなども、私たちで作りました。リサーチャーズのシンボルとして、「リサコ」というキャラクターを考えて、このリサコが登場するさまざまなものを店舗に貼ってもらいました。そうすると、「リサーチャーズクラブって何？」という話にもなりますし、メンバーの励みにもなります。また、ロゴマークのある「ただいまリサーチ中」と書いたシールを該当する棚に貼っておくようにもしました。「次に何が出てくるだろう」とい

図表 2-14　広報・情報発信・メディアとの協働
【パブリシティー】

①中日新聞
・リサーチャーズクラブ　掲載
　（2010年11月18日　環境と暮らし）

②ウェブサイト
・中日新聞／東京新聞　ウェブ
・おしゃべりで繋がる、女性の素敵ライフ
　応援サイト「Opirina（オピリーナ）」

③テレビ
・東海テレビ
　「スーパーニュース」リサーチャーズクラブ取材
　（2010年9月25日　）

④フリーペーパー
　中日新聞環境系フリーペーパー「Risa」
　リサーチャーズクラブの取り組み特集
　（2011年2月5日　発行）

⑤中日新聞
・リサーチャーズクラブ　掲載
　（2011年3月3日　環境と暮らし）

⑥中日新聞
・コラム「お買物革命」（月2回連載）

うように、一般の消費者が注目する工夫もしました。

　更に、事務局ではニューズレターを発行をしたり、リサーチャーズクラブのウェブサイトを構築しながら、発信していきました。メンバーの先には、多くの消費者がいます。

　メディアへの発信を意識しながら進めることも大切です。

　次に、㈱ジェイアール東海髙島屋とのリサーチャーズメンバーの活動は、「適正包装」と「おかいもの基準」という２つのテーマに分かれて、実施しました。ユニー㈱で実施した手順とほぼ同様に、最初は、百貨店でのお買い物に関する疑問からスタートし、売り場調査やバイヤー・担当者からのヒアリングを実施しながら、最終は店舗での実験を行いました。

　まずは、「デパートはどちらかというと過剰包装のイメージがある」とのメンバーの意見がありました。しかし、担当者の話を聞きながら調査していくと、「簡易包装」との表現は百貨店では必ずしも適当ではないことが解ってきました。なぜならば、百貨店ではお惣菜と一緒に洋服を買うことがあります。この場合、簡易包装にしてしまうと洋服に油や醤油がついたりする恐れもありますね。また、ギフト商品の場合もあります。「今日、私はお惣菜を買わないので簡単な包装でいい」「私は長距離移動するから、ちゃんとラッピングしてほしい」など、いろいろなニーズがあります。

　一律に環境に良いから、「簡易包装にしましょう」というのは、お客さまのニーズ、更には百貨店の販売形態から適切でない場合があります。ですから、お買い物の目的や状況に合わせて包装を考えることが必要で、環境に優しくお買い物の目的に合わせた包装を、㈱ジェイアール東海髙島屋とご一緒に考えようとの思いから、「適正包装」と

いう言葉が生まれました。

　包装の要らない人が、要らないとスムーズに言えるように、「不要な方はお申し出ください」という表示をメンバーと担当者とで工夫して作りました。売り場では包装に関することだけではなく、「駐車場のご利用はありませんか」などお客さまに確認しなければならないことが他にも沢山あります。なるべく売り場の販売員の方の手を煩わせずに、うまくお客さんが「適正包装でいいですよ」というのを言い出せるような表示方法はないだろうかと考えました。（図表2-15）

　また、「お買い物基準」チームでは、お買い物のエコ行動を大きな視点から考える話し合いを続けました。活動の中で、靴売り場の担当者から靴とエコについてお話を聞いたことがきっかけでした。
　みなさんは、靴を長持ちさせるポイントはなんだと思いますか？

図表 2-15　適正包装の表示

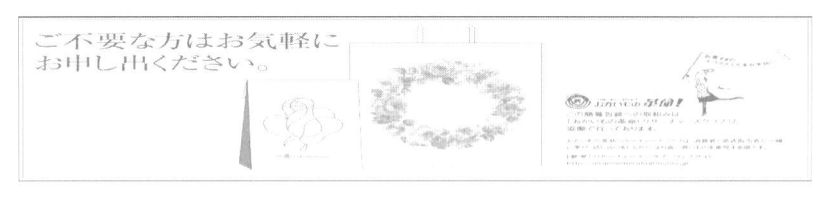

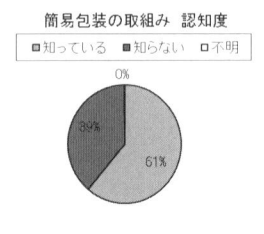

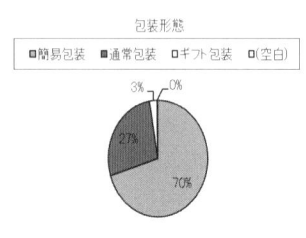

Hさん：毎日の手入れと靴を休ませること

確かに手入れは大事ですよね。担当者の回答は、「足に合った靴を買うこと」でした。つまり、足にあった靴を買うと靴の傷みも少ない、また、足に合わない靴を買うと履かないので、結果的に靴箱の中でそのままという状態を生む可能性がありますね。靴はリサイクルができないものですので、そのままゴミになります。

安いから、デザインが良いからと購入した靴はエコではない…メンバーはそのお話から、お買い物の基準をキッチングッズをテーマに考えることにしました。（図表 2-16）

さらに、㈱ジェイアール東海髙島屋では、メンバーからの「販売員

図表 2-16　キッチングッズのお買いもの基準づくり

1. お客さま（みんな）から広く支持されているもの
→愛用者が多い商品はその理由があるため、品質が高いものである。

2. 美味しく栄養価のある料理ができるもの
→多数の消費者にとって愛着をもって長く使える可能性が高い。

3. メンテナンスが容易で長持ちするもの
→歴史のあるメーカーの商品は、修理や部品交換なども簡単

4. 短時間で料理ができ、省エネを実現するもの
→忙しい毎日に優しい、環境にも優しい！

5. ひとつのキッチングッズで様々な調理に応用できる使い回しができるもの
→厳選した道具で、台所もスッキリ！

さんに声がかけづらい」との意見を踏まえ、デジタル・コンシェルジュを作成し店舗に設置するという取り組みに発展しました。(**図表 2-17**) これは、タッチパネル形式で、店舗を訪れたお客さまが自由に触れられるほか、販売員が商品説明する際にも使用できるというもので、メンバーとの活動の中で生まれたものです。

　ただ、少し先取りし過ぎたのか、タッチパネルに馴染みにないお客さまが多く、現在は休止しています。

図表 2-17　キッチングッズ売り場に設置されたデジタル・コンシェルジュ

3　リサーチャーズクラブの成果と運営のポイント

　リサーチャーズクラブでの成果を 2 つの観点から、お話したいと思います。

　1 つ目は、「消費者の変化」です。
　まず、リサーチャーズクラブに参加した消費者は、半年間の活動を通じて「現場配慮商品、健康配慮商品への購買意欲が高まり、情報発信や商品選択を慎重にする」ようになり、その効果はリサーチャーズクラブ活動終了後も持続していました。
　また、他の消費者への波及効果（店舗での購買変容）」については、店舗での社会実験を通じて、消費者目線の情報表示への共感度は高く、また、情報をより見える形でデモンストレーションすることの必要性など、今後の店舗での情報表示や販売方法等が得られました。

　次に、「流通・生産者の経営戦略への活用」に関しては、プラットホームでの相互学習を通じ、「取り組みが消費者には十分に伝わっていなかった」「消費者が欲する情報と発信している情報にギャップがある」など、流通販売者が消費者とのコミュニケーションの課題を自ら発見でき、今後の店舗マネジメントへの活用に有効だとの声が聞かれました。　　特に、消費者と企業が向かい合うのは、一般的には苦情やク

レームなどを言う場合が多いです。

それに対して、リサーチャーズクラブは苦情を言うのではなく、環境問題の解決のために、お互いが理解し、知恵を出し合い、出来ることを始めようとスタートしました。

また、地域の消費者をまき込みながら対話を行うことは、将来的な販売消費パターンを生むことにもつながります。更に、半年間も活動を共にしましたので、メンバーはそのお店や企業のファンになりました。

環境問題というと、難しく考えがちだったのが、社員が「自社の強みを活かして身近にあることから始められる」と気がつくなど、さまざまな成果がありました。（図表3-1）

企業にとっても消費者にとってもウィンウィンを目指す取り組みは、すぐに売り上げに結びつくものではないが、長期的な経営戦略から有効であるとの率直な意見も聞かれました。

図表3-1　流通販売者の変容と経営戦略への活用

1　実業に合わせた環境への取り組み
　　…多様なアプローチができるという発見と今後の展開が可能と認識できた。
2　消費者とのコミュニケーションギャップの解消とコミュニケーションデザインの開発
　　…消費者に伝わっていたとズレがあり、その解消に消費者との相互学習は有効である。
3　社内外での情報交換・社員の意識改革
　　…プロジェクトを通じて得た情報をベースに社内での検討を実施できた。
　　社内で環境意識が促進された。
4　地域に根差した経営戦略への発露
　　…「社会性」と「地域性」をどのように組み込むかを考えるきっかけになった。
5　ブランドイメージの向上とメンバーのファン化
　　…参加した消費者が協働を実施した店舗や企業のファンとなった

　　　⇒　環境経営のリスクマネジメントとなる

リサーチャーズクラブを運営するポイントは、以下の５つになります。（図表3-2)

図表3-2　相互学習型プラットホーム成立に対する必要要件

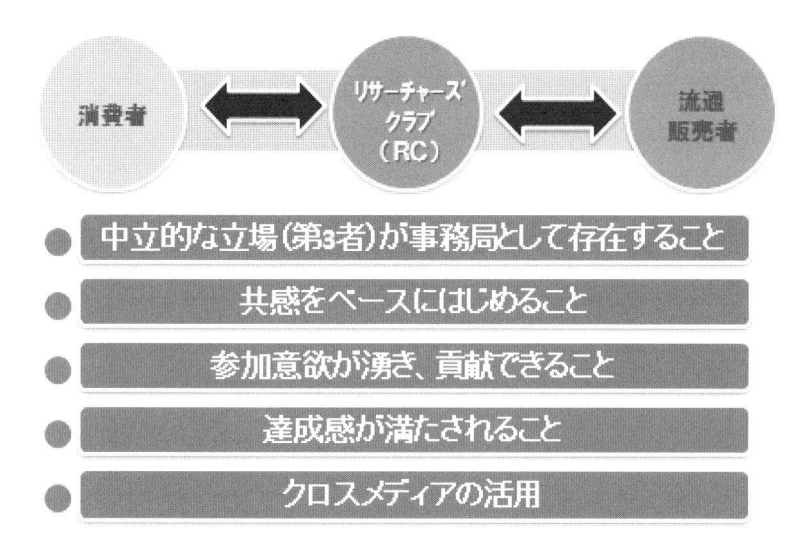

消費者 ⇔ リサーチャーズ'クラブ（RC）⇔ 流通販売者

- 中立的な立場（第3者）が事務局として存在すること
- 共感をベースにはじめること
- 参加意欲が湧き、貢献できること
- 達成感が満たされること
- クロスメディアの活用

この中で一番大きな要素は「中立的な事務局の存在」でした。

仮に流通販売者だけで取り組もうとした場合、消費者から出された意見を巡って対立関係になる可能性も出てきます。

㈱ジェイアール東海髙島屋での活動の中で、保冷剤に関して「持って帰った後はゴミになるので、それを回収してリサイクルすることはできませんか」という提案が出されました。

そこでいろいろと検討して貰ったのですが、回収して洗浄し、もう一度店頭で使用できるようにするにはかなりのコストがかかるということが分かりました。事務局が間に入りながら、「コスト面から現実的ではない現状を踏まえ、保冷剤の問題を別のアプローチで考えませんか」という流れにしました。中立的な存在の事務局がいることで、

企業のほうも「できる、できない」のどちらかではなく、また、消費者は言いっぱなしにはなりません。

　中立的な事務局が、時に両者の翻訳機能を果たしながら、進めていくことが、企業と消費者が協力して社会問題を解決する場ではポイントだと思います。

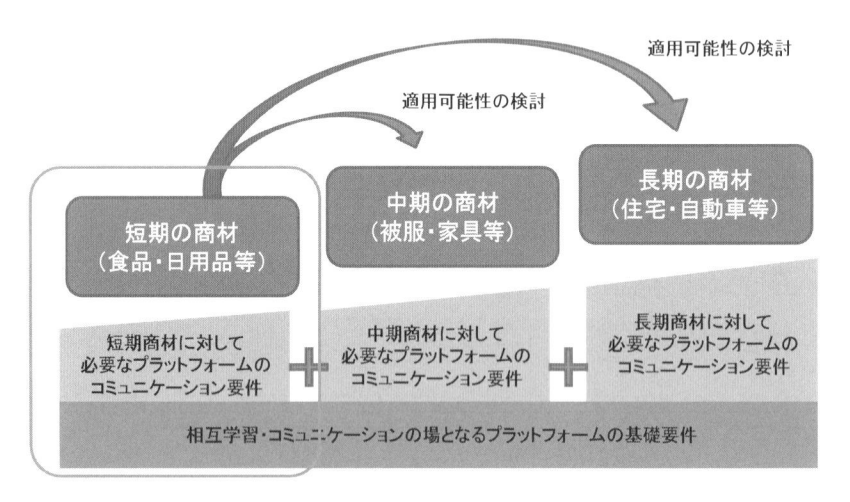

図表 3-3　相互学習型プラットホームの普及と展開について

適用可能性の検討

短期の商材（食品・日用品等）
中期の商材（被服・家具等）
長期の商材（住宅・自動車等）

短期商材に対して必要なプラットフォームのコミュニケーション要件 ＋ 中期商材に対して必要なプラットフォームのコミュニケーション要件 ＋ 長期商材に対して必要なプラットフォームのコミュニケーション要件

相互学習・コミュニケーションの場となるプラットフォームの基礎要件

　そして、このリサーチャーズクラブというアプローチはいろいろな分野で活用できると思います。

　プロジェクトでは食料品や日用品を対象に実施しましたが、自動車や住宅にもリサーチャーズクラブを展開することで、さらに大きなCO_2削減成果が期待できると思います。（図表 3-3）

　更には、環境問題以外の他のテーマと組み合わせた展開も考えられると思います。

　健康を入口のテーマにしながら旬産旬消など環境問題を組み合わせることも可能でしょうし、参画する事業者としては流通販売者だけに

限定せず、例えば商店街の活性化と環境への取り組みの組合わせも可能だと思います。関係者が対等な立場で相互学習し、ウィンウィンの問題解決を図ることが、リサーチャーズクラブの目的と趣旨だからです。

　第2部では「リサーチャーズクラブの運営の手引き」を、実際のプロセスを振り返りながらまとめてみました。

〔参考文献〕
- 日野佳恵子著『ワタシが主役が消費を動かす―お客様の"成功"をイメージできますか？』ダイヤモンド社（2009）
- 拙稿『創造経済と地域再生』大阪市立大学創造都市研究科編　大阪公立大学出版会　pp.47-52（2011）
- 拙稿『創造経済と地域再生2』大阪市立大学創造都市研究科編　大阪公立大学出版会　pp.44-47（2012）

第2部

買い手（消費者）と売り手（流通販売者）との
相互学習型プラットフォーム

「リサーチャーズクラブ」づくりの手引書

　ここでは、ユニー㈱及び㈱ジェイアール東海髙島屋との実際の取り組みの記録を基に、その手順とポイントを整理しました。

1）リサーチャーズクラブ実施の流れ

2）リサーチャーズクラブ実施の詳細
　　①リサーチャーズクラブの立ち上げ
　　②参加者の募集と選定
　　③活動のスタート／定例ミーティング
　　④デモンストレミーティング
　　⑤外部への成果の発信

3）予算

1 リサーチャーズクラブ実施の流れ

以下の5つのステップになる。

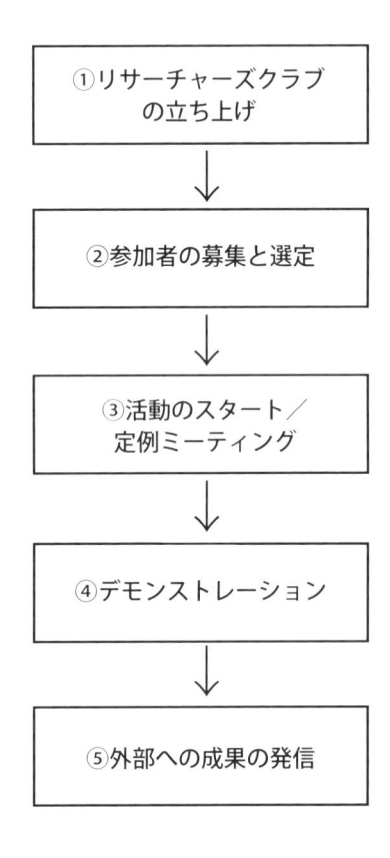

```
①リサーチャーズクラブ
  の立ち上げ
      ↓
②参加者の募集と選定
      ↓
③活動のスタート／
  定例ミーティング
      ↓
④デモンストレーション
      ↓
⑤外部への成果の発信
```

2　各実施事項の詳細

①リサーチャーズクラブの立ち上げ・・・能動的な女性たちのコミュニティ

　リサーチャーズクラブの対象者は、まずは買いもの頻度が高い女性限定とし、5〜6名程度のグループワークができ、メンバーコミュニケーションが図れること、事務局としてメンバー全員を把握できることを考慮し、定員20名とした。商品をテストするような受け身の印象がある「消費者モニター」ではなく、"自己実現"や"貢献できる"といった価値を大切に、能動的に関わってもらえるよう、「リサーチャーズクラブ」という名称をつけた。名称は、目的や地域の特色を踏まえて工夫することがポイントである。平行して、実施店舗の関係者やスタッフに対しても、リサーチャーズクラブの目的や実施内容を説明し、打ち合わせを開始した。

②参加者の募集〜選定・・・多様な女性たちを集める

・事前説明会の実施
　リサーチャーズクラブは新しい形態の活動であり、興味があっても具体的な活動のイメージは伝わりにくいため、すぐに参加を決めづらいと考えた。そのため、目的や実施内容、運営主体について理解してもらうために、事前説明会を開催した。パートナーとなる店舗周辺に

住まう消費者を対象に、幅広い職業や年齢層の人を集めるため、店舗および名古屋の中心部で2回開催した。

・メンバーの募集

まずは、過去にプロジェクトで研究活動の一環として対象店舗で実施したアンケート調査の回答者へ募集案内を郵送した。また、対象店舗内にもポスターを設置した。さらに、対象とする店舗の利用頻度が低いもしくは未利用者の視点も取り入れることで偏らず新鮮な目線で意見交換ができると考え、広く愛知県在住の女性生活者を募集するため、女性マーケティングの専門会社を通して募集した。対象店舗近辺に住まう生活者が8割、その他地域が2割という構成にした。

【ポスター】　　　　　　　　【チラシ】

・応募条件など

ミーティング以外でもメーリングリスト等で交流や連絡がとりやすいよう、基本的なパソコン操作、メールでのコミュニケーションができる人を対象とし、応募方法はパソコンの応募フォームからの送信のみの受付とした。

★実際の応募状況★

第1期のリサーチャーズクラブへの応募者は合計77名であった。応募動機などもあらかじめ記入してもらい、運営の参考とした。様々な属性の人が参加できるよう、協働する企業の担当者と相談しつつメンバーを選出した。応募動機の概要は以下の通りであった。"貢献"や"学び"に対する意欲や、意見がある（伝えたい）人などが多く、積極的な応募動機が多く見られた。

第2期も同様な傾向であった。

リサーチャーズクラブへの応募動機（第1回目）

自己実現 （自分が○○したい）	12
貢献したい	16
学びたい	21
面白そう	2
楽しそう	3
意見（がある）	17
環境	3
興味がある	4

a 環境問題への関心が高い消費者だけではなく、多様なメンバーとなるように配慮した。

③活動のスタート／定例ミーティング

・プレスリリース・・・マスメディアの活用

リサーチャーズクラブについて地域の多くの消費者に知ってもらえるよう、活動のスタート時や社会実験の際にマスコミ各社にプレスリリースを送付し、取材をお願いした。

★実際の状況★
以下のメディアから取材を受けた。
・東海テレビ　スーパーニュース（ローカルニュースのコーナーで紹介）
・中日新聞（愛知県内で 80％の購読率を持つ地元紙）
　　　　55p　上　2010 年 10 月 8 日付　中日新聞朝刊掲載記事
　　　　55p　下　2011 年 3 月 4 日付　中日新聞朝刊掲載記事

環境と暮らし

脱温暖化へ「おかいもの革命」
スーパーと消費者対話

名古屋で新たな試み

名古屋市のスーパーマーケットを舞台に、消費者と流通関係者が協働し、低炭素社会の実現を目指す試みが始まった。名付けて、「おかいもの革命」。リサーチャーズクラブ。日々の売買を通して、地球の脱温暖化を進める。（増田未緒）

増田潤子・大阪市立大准教授は「これまでは消費者と販売者、生産者が分断されて、モノが売られ、買われており、それが大量消費や大量廃棄にもつながっている」と指摘。消費者とスーパーなど売る立場で学び合い、話し合うことに意義があるとメンバーに説明する。

名古屋市東区の大新友子さん（63）は「取りに来た衣料品のタグが、豆から出来ていた。ここにも気配りがあったのね」と話す。同千種区の河野香織さん（35）は「同じようにえらべ、選ぶ中で、新商品も同じ土俵に上がる。気軽に聞いて店員さんとお客さんが『お互いに話しかけられるような気楽さを大事にしたい』」と語り合う。

「買い時期遅れの牛乳はどうやって処分されているのですか」「愛知県産の野菜コーナーを充実してほしい」——。九日午後、名古屋市千種区のスーパー・アピタ千代田橋店。店の一角で、リサーチャーズクラブの第一回ミーティングがはじまる。サプリメントに対する素朴な質問や販売形態に対する要望などが飛び出す。日本福祉大の椙山女学園大の学生六人、来年三月末まで、店舗や販売の売場を対象に、月一回のミーティングを実施。大手スーパー、アピタを経営するユニー（本社愛知県稲沢市）が共催し、公募で選ばれた三十一～六十六歳の女性十八人が参加。スーパー、消費者、大学・研究機関が公開の場で意見を交わし合意を得ながら、店の商品開発や販売、地域での取り組みを改善していくのだ。プロジェクトを総括する谷戸徹アピタ千種区店長は「消費者の生の声を聞けることが貴重」と歓迎。

「エコ」より「鮮度」重視

二年前から始まった「名古屋発、低炭素型買い物・販売システム」の実現プロジェクト（科学技術振興機構＝JST、採択研究開発プロジェクト、名古屋市立大の大平祐子チーフマネジャー、愛知県稲沢市）などを通して、店内の商品の選択基準が少しずつ変わり始めた。

採択研究ではアピタ千代田橋店で「産地」「旬」を商品の選択基準とする人が多い、熱心に取り組む一方で、メーカーは商品情報を一度きちんと開示して、消費者からの情報収集で、こうした調査結果を店員に知らせると、「時」と「産地」を意識した品揃えが進んだ。

「二年前から始まったエコ実践活動で、それまでの26％から71％にアップ」と、プロジェクトに取り組む、女性対象の調査では、活動への意見や疑問を多数集めた結果、「いかに『時』、『産地』をエコにつなげた生活に入り、鮮度」に響いた意見と『鮮度』のコンセプトを大切にしていく意見が対立。環境問題や自然問題から暮らしを見つめ直し、食品を通して愛情や豊かさを売りの値段、日常関連、七百七十五人を実施、購入量などを割合に44％、商品を購入、「エコ」より「鮮度」にも取り組んでいく、その結果、「一人一人環境」を意識している人は、「エコ」より「鮮度」にも取り組んでいる。

疑問、要望出し学び合う
「幸せ感」演出も必要

はぐくむ
買い物からエコ考える
主婦らが商品や包装調査
スーパー店頭に評価を表示

RC リサーチャーズクラブ

消費者とスーパーマーケットの協働で、買い物を通じた環境問題の解決を目指す「おかいもの革命／リサーチャーズクラブ」の活動成果が三月末に、名古屋市千種区のアピタ千代田橋店で紹介された。主婦らが調べた評価を店頭に表示、期間中、客の購買行動に変化が現れるかどうかも検証する。（増田未緒）

十八人は三月半ばからの半月間、エコ商品、容器包装、食品の各チームに分かれて活動した。エコ商品チームは「あっ探しのPB商品チームは「あっ探しの気持ちもあった」と河原美和さん。「ムダなカードをもらわずに済み、省資源化した」「箱入りカレーや詰め替えパックで便利」「容器パッケージに詳しく分かれやすい表示を」等々。メンバーは「気持ちが次第にみんなに広がっていった」と話す。

「地元の野菜は栄養が豊富で、栽培時の加温も長距離輸送もなく、二酸化炭素（CO2）排出が少ない」と聞き、「栽培地域や流通経路や栽培方法などを学習し、今月号の愛知県産の白菜やネギなど五品目食材をPRする表示を作り、保存方法や簡単レシピを紹介。藤博志店長は「活動の輪を広げていきたい」と話す。

食品チームは、野菜の流通経路や栽培方法などを学び、今回の活動結果をもとにした。ユニーPB商品の先入観を検証しよう」と、ユニーPB商品から十品目を選んで使用。率直な感想を掲げる。買い物の参考にしてもらうことにしたメンバーの谷口和香奈さん（45）は「PB商品は安いからこそ悪かろうのイメージがあったが、意外といい商品があり、使ってみようと思った」と語る。RCの活動は、地域に根ざした脱温暖化社会の科学技術振興機構（受託大学・日本福祉大、大阪市立大、椙山女学園大）の一環。

リサーチャーズクラブの成果発表フォーラムが12日午後1時半から、名古屋市中村区名駅のウインクあいちで開かれる。さまざまな野菜を鍋の中に重ねて蒸し煮する「重ね煮料理」研究家、戸練ミナさんの講演も。先着120人。申し込みはRCホームページ（リサーチャーズクラブで検索）から。

・ロゴ、キャラクター、ノベルティの制作・・・
統一感のあるプロモーション

【ロゴ】
活動としての統一感と認知度を増すために「ロゴ」を作成した。テーマカラーは元気な印象を与えるオレンジとした。

【キャラクター】
アクティブな主婦をイメージしたキャラクター「リサコ」を制作し、広報物には全てナビゲーターとして「リサコ」を登場させた。

【ノベルティー】

　メンバーになった証しとして、ロゴマークをあしらったオリジナルの「缶バッチ」を作成してメンバーに配布した。メンバーとしての自覚や意識を高め、また、メンバーの知り合いなどにもリサーチャーズクラブを PR するきっかけとなることをねらいとした。

・ウェブサイトの立ち上げ・・・
　　　　　　　情報発信、双方向コミュニケーション

　リサーチャーズクラブのウェブサイトを立ち上げ、事務局より毎回のミーティングの様子を写真とともに掲載したり、「イドバタ会議」という場(ブログ)を作り、メンバーにもそれぞれアカウントを取得してもらい自由に投稿をしてもらうコーナーを作成した（メンバーにはブログ投稿マニュアルを作成し配布）。リサーチャークラブの活動やメンバーからの投稿を見てもらうことで、取り組みに関心を持ってもらう人を増やすことをねらいとした。

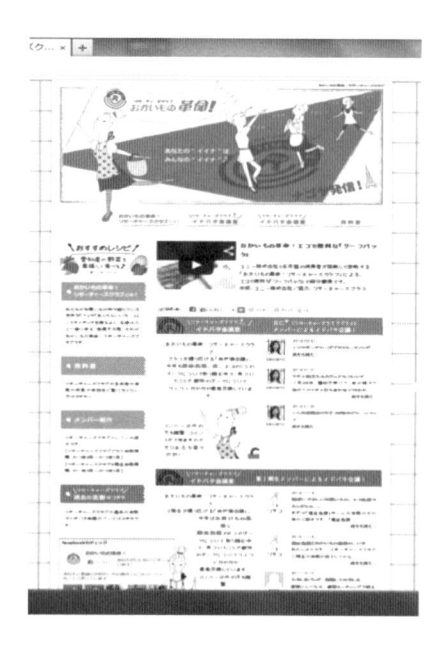

メンバーの「イドバタ会議」の場。それぞれが「アバター」を持ち、自由に投稿やコメントができる。

・定例ミーティング・・・買い手と売り手の対話の場

　メインの活動として、月1回、メンバーが顔を合わせ、売り場調査やワークショップ、店の担当者とともに話し合いを行う"定例ミーティング"を実施した。ミーティングは、様々な属性の人が参加できる土曜日とし、時間帯は10時30分～12時30分の2時間（120分）とした。また、ミーティングの実施場所は、店舗内のオープンスペースとし、他のお客様もミーティングの様子を見ることができ、メンバーも適度な緊張感を持って臨めるようにした。

　ミーティングは全7回開催し、目的と主な内容は以下の通りである。

回	目的	実施内容
第1回	店、活動、メンバーを知る買いもの時の素朴な疑問を出し合う	バックヤードツアー、自己紹介、ワークショップの実施
第2回	売り場調査をし、現状把握を行う	売り場調査、ワークショップの実施
第3回	店舗の担当者やバイヤーとの意見交換を行う	第2回までの結果を店舗側と共有し、その内容について意見交換を実施
第4回	デモンストレーション内容の検討を行う	売り場でデモンストレーションの方向性について店舗の担当者やバイヤーと共に検討
第5回	デモンストレーションの具体的な方法について検討を行う	デモンストレーションの具体的方法について店舗の担当者やバイヤーと共に検討
第6回	デモンストレーション準備	店舗レイアウトや表示物の内容の検討～作成
第7回	振り返り	ワークショップの実施

　なお、第1期のユニー㈱では環境社会貢献部が、第2期のジェイアール東海髙島屋では営業企画部が窓口となり、社内での調整及びプロジェクト側との調整を実施した。

定例ミーティングの詳細は以下の通りである。

■第1回ミーティング

・目的／店、活動、メンバーを知る。買いもの時の素朴な疑問を出し合う

・タイムテーブル

時間	内容	ポイント
10:30-10:40 (10分)	＜オープニング＞ ・スタッフの紹介 ・スケジュールの説明・撮影の確認	個人の利益だけではなく、地域や社会、環境へ思いや行動をつなぐ活動であることを共有する。
10:40-11:00 (20分)	＜バックヤードツアー＞ ・店長による、店の裏側や取り組みを見るバックヤードツアーを実施	普段は見ることができない店のバックヤードはワクワクする場。店への関心や共感が高まる。
11:00-11:10 (10分)	＜リサーチャーズクラブのコンセプト共有＞ ・リサーチャーズクラブ立ち上げの経緯、概要の説明 ・会則の説明と同意書の記入 ・店側のあいさつ（店長）	リサーチャーズクラブでは、参画者はモニターのような受け身な存在ではなく、店側と対等な関係を築き、一緒により良い買いものを目指し活動していくことを共有する。
11:10-11:20 (10分)	＜自己紹介＞ ・「名前」「参加理由」をひとり30秒で発表。（30秒スピーチ） ・あらかじめメンバーの「名前」「住まい」「好きな食べ物」「プチ贅沢」を書いた紙を配布しておく ・「リサーチャーズノート」の配布	・30秒スピーチは簡潔にしゃべる練習にもなる。 ・「リサーチャーズノート」は次回のミーティングまでの間もアンテナを高く張り情報を得てメモをすることで、次回のミーティングに積極的に参加してもらうために配布した。
11:20-11:30 (10分)	＜休憩＞ お茶とお菓子を楽しみながら、メンバー同士の交流	
11:30-12:10 (40分)	＜ワークショップ＞ ・3グループに分かれ（1グループ6名程度）、「買いものをする時に困っていること」、疑問に思っていること」について、付箋1枚に1件を書いてもらい、模造紙に貼る。 ・似た意見をグループ化し、タイトルをつける。 ・チームごとに発表する。	・今後、リサーチャーズクラブで話し合いをするテーマを洗い出す。あらかじめテーマを決めておくと、「やらされ感」が生まれる可能性があるため、テーマ決めもメンバーからの意見を中心に考える。 ・グループごとに1名事務局が入り、ワークショップの進行をサポートする。
12:10-12:15 (5分)	＜アンケートの実施＞ リサーチャーズクラブ参加メンバーがミーティングを経ることでどのような意識や行動の変化が現れるかを調査・分析するためのアンケートを実施。（1回目）	
12:15-12:30 (15分)	＜エンディング＞ ・ブログ、メーリングリストの案内 ・謝金のお渡し	・次回のミーティングまでにコミュニケーションが取れるよう、ブログとメーリングリストを作成した。 ・謝金は商品券3,000円分とした。

◆ワークショップでの意見（抜粋）

番号	第1回リサーチャーズで出た意見	大テーマ	中テーマ	小テーマ	キーワード	気持ち
1	野菜も今が旬のように貼ってほしい	食品	野菜	情報表示	旬	要望
2	野菜の冷凍方法等が棚、もしくは包装等に表示してほしい	食品	野菜	保存方法	冷凍	要望
3	野菜（レタス、ほうれん草等）の保存はどうしたらいいか知りたい	食品	野菜	保存方法		知りたい
4	新鮮な野菜の長持ち方法を知りたい	食品	野菜	保存方法	鮮度	知りたい
5	野菜が収穫されて、店頭に並ぶまでの日数を知りたい	食品	野菜	情報表示	鮮度	知りたい
6	トマト、ナスなどピッチリパック（ラップ）してあり鮮度がわかりにくい	食品	野菜	売り方	鮮度	意見
7	野菜の少量パックを用意してほしい	食品	野菜	売り方	少量	要望
8	不揃いの野菜なども常に売ってほしい（形の悪いもの、少しのキズなど）	食品	野菜	売り方	商品	要望
9	じゃがいもと玉ねぎは悪くなっていると嫌なので袋入りを買わない	食品	野菜	売り方	品質	意見
10	愛知県産（特に地元近郊）の野菜コーナーの充実させてほしい	食品	野菜	売り方	商品、産地	要望
11	そうざいなど、加工品の食材の産地が知りたい	食品	惣菜	情報表示	産地	知りたい
12	そうざいに使われているお肉やお魚は国産か知りたい	食品	惣菜	情報表示	産地	知りたい
13	おそうざいはなぜ揚げ物が多いのか知りたい	食品	惣菜	売り方	メニュー	知りたい
14	惣菜コーナーのメニューはどのように考えているのか知りたい	食品	惣菜	売り方	メニュー	知りたい
15	売れ残った商品や賞味期限切れになった商品は、どうなるのか知りたい	食品	惣菜	売り方	廃棄	知りたい
16	健康のために、肉の骨付きや魚の切り落としを売ってほしい	食品	肉・魚	商品	健康	要望
17	8時30分にお魚は安くなるけれど肉はどうしてならないのか知りたい	食品	肉・魚	売り方	価格	知りたい
18	少し高くてもおいしい"ほっけ"を売ってほしい	食品	肉・魚	商品	味	要望
19	魚介類のトレサビリティがほしい。乱獲されていないものか知りたい	食品	肉・魚	売り方	産地	知りたい
20	アピタさんは賞味期限切れの液体物（牛乳とか）はどう処分しているのか知りたい	食品	その他食品	売り方	廃棄	知りたい
21	値引きのついた商品はどんどん安くなるが、それでも売れ残るとどこにいくのか知りたい	食品	その他食品	売り方	廃棄	知りたい
22	特売や限定100個等の個数を増やしてほしい	食品	その他食品	商品	価格	要望
23	食品でも衣料でも安すぎるものは本当に大丈夫なのか知りたい	食品	その他食品	商品	価格	知りたい
24	調味料の列にレシピを置いてほしい	食品	その他食品	売り方	レシピ	要望
25	テレビで紹介されたもの、見たものをその日に料理を作ることが多い	食品	その他食品	商品	料理	意見
26	レシピコーナーでエコにつながるムダをなくすメニューをもっと充実してほしい	食品	その他食品	情報表示	レシピ	要望
27	なめこに賞味期限が書いていないので書いてほしい	食品	その他食品	情報表示	賞味期限	要望
28	食品工場がどうやって材料から作っているか見学してみたい	食品	その他食品	生産方法	見学	要望
29	冷凍食品で、添加物がすくない物を売ってほしい	食品	その他食品	商品	添加物	要望
30	賞味期限が当日というのがあるが、あまりおかないでほしい	食品	その他食品	売り方	品ぞろえ	要望
31	遅い時間に行くと、ない品が多いと思う	食品	その他食品	売り方	品ぞろえ	意見
32	あるスーパーで試食コーナーが不衛生だったので置きっぱなしにしないでほしい	食品	その他食品	売り方	衛生	要望
33	パン屋さんの売り場にフタをつけてほしい	食品	その他食品	売り方	衛生	要望
34	GOPANの試食会やGOPANカフェができてほしい	食品	その他食品	商品	こだわり	要望
35	お米のパスタやパンをもっと売ってほしい	食品	その他食品	商品	こだわり	要望
36	お魚をさばいてくれた後、トレーじゃなくビニールに入れてほしい	ゴミ・容器包装	食品トレイ	売り方	ゴミ削減	要望
37	お肉のトレーがかさばってじゃまになるので、ラップでくるんでほしい	ゴミ・容器包装	食品トレイ	売り方	ゴミ削減	要望
38	お肉やお魚のトレーはやめてほしい	ゴミ・容器包装	食品トレイ	売り方	ゴミ削減	要望
39	スーパーのビニール袋（ロール）多く置きすぎだと思う	ゴミ・容器包装	食品トレイ	売り方	ゴミ削減	意見
40	食品パックに入っているのにさらに、トレーに入れラップまでしてあるのでやめてほしい	ゴミ・容器包装	食品トレイ	売り方	ゴミ削減	要望
41	トレイのいらない商品はバラ売りしてほしい	ゴミ・容器包装	食品トレイ	売り方	ゴミ削減	要望
42	ハクサイやネギなどで自分のエコバッグが汚れるので、新聞紙などで包みたい	ゴミ・容器包装	袋	エコバッグ	衛生	意見
43	入り口によるトレー回収は本当にすべてリサイクルされているか知りたい	ゴミ・容器包装	食品トレイ	3R	リサイクル	知りたい
44	肉やさんなしにしても、ビニール袋もごみになるから通い容器にしてほしい	ゴミ・容器包装	食品トレイ	売り方	通い容器	要望
45	お肉や魚のトレーはリユースできないのか知りたい	ゴミ・容器包装	食品トレイ	売り方	リユース	知りたい
46	レジ袋はどこへ行ったか知りたい	ゴミ・容器包装	袋	レジ袋	レジ袋代	知りたい
47	レジ袋代は集めてどうなるのか知りたい	ゴミ・容器包装	袋	レジ袋	レジ袋代	知りたい
48	廃棄量を減らすために、お店はどんな仕入れをしたりしているのか知りたい	ゴミ・容器包装	ゴミ・リサイクル	ゴミの処分方法	店舗の取り組み	知りたい
49	実は捨て方のわからないゴミはたくさんあるので教えてほしい	ゴミ・容器包装	ゴミ・リサイクル	ゴミの処分方法		知りたい
50	生ゴミが滅るのはどのように処理しているのか知りたい	ゴミ・容器包装	ゴミ・リサイクル	ゴミの処分方法	生ごみ	知りたい
51	資源ごみはスーパーに出すのか地域に出すのかどちらがいいのか知りたい	ゴミ・容器包装	ゴミ・リサイクル	ゴミの処分方法	資源ごみ	知りたい
52	アルミ缶回収でアルミ箔を出してもいいのか知りたい（ラップのカッター部分とか）	ゴミ・容器包装	ゴミ・リサイクル	ゴミの処分方法	アルミ缶、アルミ箔	知りたい
53	ペットボトルキャップのワクチンが有名だが、アピタの回収箱はわかりにくいと思う	ゴミ・容器包装	ゴミ・リサイクル	店舗の取り組み	ペットボトルキャップ	意見
54	卵のパックのリサイクルを拡充してほしい	ゴミ・容器包装	ゴミ・リサイクル	3R	リサイクル	要望
55	衣類のリサイクルの引き取りで、どうしてラメ入りの物はダメなのか知りたい	ゴミ・容器包装	ゴミ・リサイクル	ゴミの処分方法	衣料品	知りたい
56	牛乳箱を（リサイクルする時）、箱の切り線をつけてほしい	ゴミ・容器包装	ゴミ・リサイクル	商品		要望
57	ダンボールの代わりのコンテナは衛生的なのか、消毒してるのか知りたい	ゴミ・容器包装	ゴミ・リサイクル	店舗の取り組み	衛生	知りたい
58	ペットボトル飲料の容器を、何か別なものにできないのかと思う	ゴミ・容器包装	ゴミ・リサイクル	商品	ゴミ削減	意見

● ミーティング終了後、事務局にてワークショップ「買いものをする時に困っていること、疑問に思っていること」についてで出た意見を、「大テーマ」「中テーマ」「小テーマ」に分類した。この結果をもとに、事務局と店側でリサーチャーズクラブで取り扱うテーマについて検討行い、実現に向けて話し合いが可能な「食」「容器包装」「エコ商品・PB商品」の3つについて話し合いを行うこととした。
第2回目でも同様なプロセスで進め、「適正包装」「お買い物基準」の2つとした。

■第2回ミーティング

・目的／売り場調査をし、現状把握を行う
・タイムテーブル

時間	内容	ポイント
10:30-10:55 (25分)	＜オープニング＞ ・スケジュールの説明 ・イチオシトピックスの30秒スピーチ	
10:55-11:25 (30分)	＜売り場調査＞ ・「食」「容器包装」「エコ商品・PB商品」の3チームに分かれ、第1回で出た意見を元に売り場調査を実施。気になるポイントは写真を撮っておく。	・チーム分けはメーリングリスト等で3つのテーマへの希望を聞いたうえで振り分けを行った。 ・1チームに1名、事務局がサポートとして入る体制とした。
11:25-12:20 (55分)	＜ワークショップ＞ 売り場調査の結果について1意見1付箋に記入、集約し、チームごとに発表する。重要だと思う順番に付箋を並び変える。	・調査した内容を重要だと思う順番に並び替えをすると、扱う内容を絞る時に検討がしやすい。 ・チームごとに発表をすることで、他のグループの状況を知ることができ、相乗効果が生まれる。 ・適宜休憩を取り入れながら行う。
12:20-12:30 (10分)	＜エンディング＞ ・ブログ、メーリングリストの活用方法について説明 ・謝金のお渡し	ブログは、1人1つのIDを付与し、自由に投稿ができるようにした。ブログ作成のマニュアルも配布した。

　第2期でも、同様に売り場を訪問し、現場スタッフへの聞き取り調査を実施した。

◆売り場調査、ワークショップでの意見

【容器包装チーム】

	【第1回ミーティング】WSで出た要望・意見・知りたい内容	【第2回ミーティング】店舗での確認・ヒアリング状況	店舗調査を終えての意見
トレイについて	魚や肉をさばいてもらった後、トレイではなくビニール袋などに入れてほしい。	対面販売のコーナーであれば、消費者からの要望があればトレイをやめてビニール袋や他の容器に入れてもらえる。(衛生上の問題は消費者の自己責任で対応する。)	消費者に知られていない。PRが必要ではないか。
	魚や肉のトレイはやめてほしい。	鮮度や形状の維持、見た目などの点から、トレイが適していると考えられている。(消費者は鮮度や見た目をかなり重視している。)	確かに鮮度は気になる。が、環境負荷も気になる。お店の意見(鮮度、見た目重視)と消費者の意見(エコ)の歩み寄りが必要。
	食品パックに入っているものをさらにトレイに入れラップをするなどの二重包装はやめてほしい。	実際にハンバーグなどの二重包装を確認。StyleONEの商品でも二重包装、過剰包装のものがみられた。	お店や企業に改善を働き掛けたい。
	トレイのいらない商品はバラ売りにしてほしい。	りんご、なしなどでバラ売りとトレイ売り(クッション材+トレイ+ラップ)を確認。鮮度や形状の維持、見た目などの点からトレイ売りも必要とされている？ トマト、レタスなどではリユース容器を用いてバラ売りされているものがあった。	購入後の利用のしかたにより傷みが少ないものを買いたい場合もある。消費者はどの程度トレイ(容器包装)を必要としているのか知りたい。多様なチョイスができる売り方(トレイ売りと裸売りのバランスなど)はいかにあるべきか検討する必要がある。
持ち帰り	ハクサイやネギの裸売りを買うとエコバッグが汚れるので新聞紙で包みたい。	多くの消費者の要望があれば検討してもらえるが、それほど需要はないと考えられている。	サッカー台に新聞紙があったら消費者がどの程度利用するか調べてみたい。
	ロール式ビニール袋を多く置きすぎだと思う。	各サッカー台に1つずつ設置してあり、最小限必要な量であると考えられている。	使用量削減のためのPR(表示、ポップ)が必要ではないか。
リサイクル	魚や肉のトレイはリユース出来ないのか知りたい。	衛生上リユースは難しいため、リサイクルしている。	
	出入口で回収されているトレイはすべてリサイクルされているのか。	100%リサイクルされており、ベンチなどに再生利用されている。そのほか、透明で色や汚れのないレジ袋はレジ袋に再生されている。小型家電製品の回収もある。	消費者に知られていない。PRが必要ではないか。
	有料のレジ袋を売った代金はどこへ行くのか。	名古屋市のレジ袋有料化還元基金に寄付している。(保育園の園庭芝生化などに利用されている。)	消費者に知られていない。PRが必要ではないか。

● 【容器包装チーム】では
・店のリサイクルの取り組みが消費者に伝わっていないのでもっとPRすべき
・食品トレイは不要だと思ったが、見た目の良さもあるため一概に不要とは言えず、消費者調査を実施したい
という意見があがった。
具体的な提案として
・トレイの必要性について消費者調査を行う
・過剰包装商品を減らすためにお店に働きかける
・店の取り組みをPRする
　などが上がった

【食チーム】

	【第1回ミーティング】WSで出た要望・意見・知りたい内容	【第2回ミーティング】店舗での確認・ヒアリング状況	店舗調査を終えての意見
野菜の旬について	旬の野菜について知りたい	旬の野菜は、わざわざ通路に平置きで「今が旬」のような表示がついている。	・旬の野菜をわざわざ並べず、通常の陳列棚に並べ、プライスカードのところに「旬マーク」のようなものがポイントで付いていればそれで十分だと感じる。 ・子どものころは、売り場には旬の野菜しか売っていなかったので、スーパーに行けば旬が分かった。今は消費者のニーズから様々な季節の野菜が取りそろえられるようになっている。やはり年中様々な野菜が食べたいという気持ちはある。 （無かったら無いでも生活できる、という意見もあり。）
		旬のものが必ずしも安いわけではないことが分かった。旬の時には、需要が高まり、供給量とのバランスから値段が上がることもある。	
		旬の野菜は栄養価が高い。	
		長野産のネギと北海道産のネギが並べておいてあり、長野産の方が100円高かった。違いが分からなかった。	

● 【食チーム】では
「野菜の旬」についての関心度が高く、売り場でも新鮮な学びがあった。
具体的な提案として
・「旬」がわかるような情報表示が欲しい
・野菜の栄養価の違いを知れると良い
・野菜の保存方法について知れると良い
などが上がった。

【エコ商品・PB商品チーム】

	【第1回ミーティング】WSで出た要望・意見・知りたい内容	【第2回ミーティング】店舗での確認・ヒアリング状況	店舗調査を終えての意見
値段	エコ商品がなぜ割高か知りたい	パッケージがわかりにくく、割高。	・付加価値をもっとわかりやすく提示してみては？例えばアレルギーの方に「体にやさしい」とピールするとか。 ・安心・安全・健康なものがいい！（地球と体に優しい）
	ヨーグルトは、プラ容器より紙容器の方が安いのはなぜ？	プラより紙の方がエコのような気がするが、高いとやっぱり買わない。	
詰め替え商品	シャンプーやリンスの詰め替えが割高なので量り売りしてほしい	やろうと思えばやれるが、衛生面や量をはかる機械の設置等、むずかしい点も…。	
	なぜ詰め替えより本体が安いのか？	現状は、本体がたくさん売れて定着すれば詰め替えの生産性が上がるので安くなるが…メーカーや小売が努力して詰め替え用を安く提供できれば。	
PB	PBの売り上げが高いのは？	ふりかけが安くて美味しい。100円の冷凍食品も人気。機能性素材を使った衣料品、ヒートオンも人気がある。	
	PBはもうかる？	もうかるけど、リスクは高い。（その分利益も高い。）	
その他意見	第2回売り場調査で新たに出た意見	一般の方にエコ商品が知られていない。	・次回以降は、毎回エコ商品・PB商品を試してみる。その私達の感想をPOPに添えてもらえたらいいなぁ…。 ・チラシにエコ商品を毎回一つずつ載せてみては。 →載せる事は可能（店長より）
		エコ商品はメーカーの中に紛れているので、見つけにくい。エコ商品だけの棚があると良い。	売場の陳列の決め方によっても印象を変えられる。リサーチャーズクラブでディスプレイを考えてみる。リサーチャーズクラブおすすめPOPと合わせて！
		濃縮タイプは使う量が少ないから粉タイプと同じだけ使えると表示があるが、実際はすぐ使い切ってしまう。	使い方によってはエコではないかも。
		どういうものがエコなのか？その定義は？	こちらの店ではリサイクルしているものがエコ商品である。一般ではどうか？
		無添加なのはエコなのか？（粉せっけんとか）液体洗剤の濃縮タイプは水が節約できるからエコなのか？	エコの種類を分けてみては？
		エコだけでなく、価格が大事。エコと価格は比例しないのでは。	高いなら高い理由がわかるといい。

●【エコ商品・PB商品チーム】では
　・エコ商品が割高な理由をわかりやすくPRする　・エコ商品に対する疑問がある。
　・PB商品そのものの存在について
意見が上がった。
具体的な提案として
　・エコ商品をコーナー化してはどうか　・エコ商品、PB商品をお試ししてみる。
などが上がった。

★店内でのリサーチャーズクラブの発信

　リサーチャーズクラブの実施状況を他の消費者へ逐次伝え、取り組みに関心を持ってもらうことを目的とし、ミーティングごとにニューズレターを発行した。ミーティングの内容や参加しての感想などをそれぞれのチームメンバーにレポートしてもらい掲載、Ａ５見開きサイズで手に取りやすい大きさにした。合わせて、活動に連動したポスターも店内に設置し、ブログへ誘導するなど、来店者への認知にも力を入れた。

【ニューズレター】

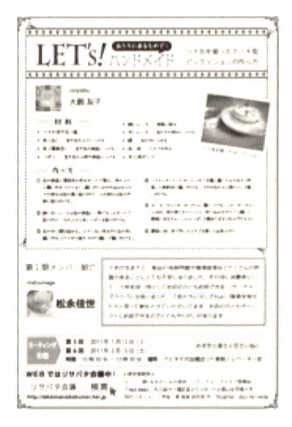

2　各実施事項の詳細　65

【ポスター】

●第1期、第2期共にリサーチャーズクラブの活動の認知度を高めるためにポスターを作成した。

■第3回ミーティング

・目的／店舗の担当者やバイヤーとの意見交換を行う
・タイムテーブル／

時間	内容	ポイント
10:30-10:45 （15分）	＜オープニング＞ ・スケジュールの説明 ・イチオシトピックスの30秒スピーチ	
10:45-11:15 （30分）	＜店の担当者への調査結果の説明＞ 3チームにわかれ、それぞれに関係する店の担当者やバイヤーが入り、第2回で実施した売り場調査の写真を用いて、店の担当者へ調査結果を説明する。	メンバーにとっては、普段の買いものでは会うことのない、バイヤーや店の担当者と直接意見交換ができ、疑問や提案が確認できる、興味深い機会である。
11:15-12:20 （65分）	＜ワークショップ＞ 調査結果をもとに、意見交換〜課題のまとめ。 課題を解決するために売り場で実施できる内容（デモンストレーション）について検討、チームごとに発表する。	適宜休憩を取り入れながら行う。店の担当者が一緒にチームに入ることで、その都度、意見交換や質問ができ、その場で解消されやすい。
12:20-12:30 （15分）	＜エンディング＞ ・ブログ、ニューズレターの説明 ・謝金のお渡し	ブログ投稿のハードルを下げるために、ブログを投稿してもらうための「お題」を設定した。

◆ワークショップでの意見
【容器包装チーム】

●トレイの必要性について

意見交換内容	意見交換を終えてのまとめ
トレイを断ってビニール袋で購入してみたが、見た目も悪く、扱いにくいことから、やはりトレイは必要であると感じた。	魚や肉のトレイは必要性が高いので、その削減を呼び掛けるより、回収されたものがきちんとリサイクルされていることをPRすることで、トレイの回収を広く呼びかける方向で考えていく。
この店で以前実施した鶏肉のトレイ実験やアンケートの結果が紹介され、67%の消費者がとれいは不要と回答しているものの、実際に売れた商品の74%がトレイ付きであるという実態があることを共通理解した。	
トレイであれば、きちんと分別・回収されリサイクルされる割合が高いが、ビニール袋では、可燃ごみなどになる可能性が高いのではないか。	
トレイをリサイクルしてできたベンチなどをむしろPRすべきである。	

●二重包装、過剰包装の削減について

意見交換内容	意見交換を終えてのまとめ
PB商品の3個入りハンバーグで過剰包装が見られたが(前回のミーティング時に確認)、少なくともPB商品については過剰包装が無いようにしてほしい。	PB商品(ドライ)リストを店より提供してもらい、リストに掲載されている商品の包装状態について次回までにリサーチしてくる。
PB商品の中にどれくらい過剰包装の商品があるのか調べてみたい。	

●店内での容器包装リサイクルのPRについて

意見交換内容	意見交換を終えてのまとめ
店で回収されたトレイが100%リサイクルされていることを消費者は知らない。	リサイクルステーションで回収されたトレイ等がどのようにリサイクルされていくかを消費者に分かりやすく示すことにより、「環境にやさしい(リサイクルを推進している)お店」であることを知ってもらうような店内表示(ポスター、ポップなど)やその他の有効なPR方法を引き続き考えていく。
店での回収・リサイクルがこれ以上活発になった場合に、経済的に対応は可能か？→もともと履歴を得るために実施しているわけではないが、キャパシティや人件費の問題がある。一定量の増加までなら対応できる。	

● 【容器包装チーム】では、以下の取り組みに注目することとした。
- ・食品トレイは時と場合によっては必要であることを実感し、トレイの削減ではなく、トレイのリサイクルを呼び掛ける。
- ・現在販売しているPB商品の中で過剰包装の商品がどれほどあるか調査を行う。
- ・店のリサイクルの取り組みが消費者へ伝わっていない。もっとわかりやすくPRする。

【食チーム】

●「旬」にまつわる情報表示について

意見交換内容	意見交換を終えてのまとめ
「旬」の表示の仕方は限定しにくい。地域によっても「旬」が異なる。その時期に「旬」のものを、日本全国から仕入れている。	「旬」という表示でなくとも、お店のおすすめがわかるようにする。たとえば「新鮮で味が良い」などと表示するなど。
それぞれの野菜の旬に、旬の程度によって「松竹梅」のような表示をつけてはどうか。	
不揃い品や見栄えの悪い商品はあまり出したくない。キレイな商品が売れにくくなる。	
（産地が違うネギについて）北海道産はやわらかいという特徴がある。夏場のねぎは固め。	
買い手は「味」「品質」「価格」を知りたいと思っている。	

●お店の仕入れに関すること

意見交換内容	意見交換を終えてのまとめ
大手はセントラルバイイング（一括して仕入れ、各店舗に振り分ける）がこの店の場合は、お店ごとに市場が決まっている。	仕入れについては知らないことが多く、学びが多かった。
エコ野菜は前日の昼に収穫したものが翌日お店に並ぶので新鮮	
「鮮度」とは一般的に収穫してからの日数、品質の良さ	

● 【食チーム】では、「旬」に対するメンバーのイメージと実際の店での仕入れが異なっていることを知り、また、仕入れの現実的な話を聞き、多くの学びがあった。

【エコ商品・PB 商品チーム】

●ハンドソープについて

意見交換内容	意見交換を終えてのまとめ
普段使っているものは香料の強いものが多いが、意外と香りがつくないと思った。 インフルエンザの流行っているときなどは除菌力99.99%の商品を買ってしまうが、店独自のエコ商品のハンドソープはしっかり菌が取れているのだろうか。 →除菌力は非常に高いけれど、あまり伝わっていないため、来年1月にパッケージをリニューアルする予定（他のお客様からの声もあった）。 あまりエコを打ち出していないようだが、エコ以外のいいところがセールスポイントになるのでは？ →エコを全面に出しても消費者は買わないのではないか。 このお店独自のエコ商品についているキャラクターは意外と人気である。 泡切れが良いところはいいと思う エコ＝身体によいのか？ 他店にはエコ商品はざっと見る限りは無かった。	次回は「濃縮洗剤」と「詰め替えティッシュ」を試してみる。開発担当者にこの2つの商品について講義してもらう。

●PB商品について

意見交換内容	意見交換を終えてのまとめ
商品の数が少ない（食品があまりない） →ふりかけ、おもち、パックご飯は品質はとても良い。メーカーでの工場チェックもしっかりとし、原材料も安心である。 オイスターソースは美味しくなかった。 →味の吟味が必要	お試し

●エコ商品について

意見交換内容	意見交換を終えてのまとめ
全体的にどれがエコ商品なのかわからなかった。 エコの定義は、省資源とか、ゴミ減量とか、あまり定義がつくられていない。 どのエコ商品が一番売れているのか？→トイレットペーパーが一番売れているが、エコ商品であるという表示は小さい 詰め替え商品がなぜ安いのか？ →メーカーが赤字覚悟で一定期間安くしているだけで、もとに戻った時が普通の値段 実験的に社内のパートタイマーの方等によるライフ調査を行っているが、バイヤーは化粧品以外男性ばかり。 →商品を買いに来るのは女性なので、女性目線をもっと入れてもいいのではないか。 エコ商品の紙皿はサトウキビからつくられているので、口に入っても安心だと思った。 ゴミが減ったり、水を汚さないものが良い。	どこがエコなのか情報表示について考える

●売り場でのアピール方法

意見交換内容	意見交換を終えてのまとめ
CMをもっとやらないのか。CMタレントによってイメージアップもできる。 テレビで商品の宣伝をしてはどうか。 使用済み油を回収しているが、店舗の揚げ物等には使用していない。	アマゾンのランキングのように、ある項目について★印で表示する。

● 【エコ商品・PB 商品チーム】では、前回に引き続き
　・エコ商品と PB 商品をお試しし、感想を共有する
　・エコ商品はどこがエコなのかをどのように伝えるかを考える
　　について進めていくこととした。

■第4回〜6回ミーティング

・目的/テーマについてメンバーと店側の意見交換、デモンストレーション内容の検討

・タイムテーブル/

時間	内容	ポイント
10:30-10:45 (15分)	<オープニング> ・スケジュールの説明 ・イチオシトピックスの30秒スピーチ	
10:45-12:20 (95分)	<ワークショップ> ・店担当者と、デモンストレーションする内容の詳細やバイヤーについて意見交換と実施に向けたとりまとめを行う ・チームごとに結果の発表を行う	適宜休憩を取り入れながら行う。
12:20-12:30 (10分)	<エンディング> ・ブログ、ポスターについて共有 ・謝金のお渡し	

◆ワークショップで出た意見　（第6回）
【容器包装チーム】

取り組む内容(課題)
・食品の二重包装・過剰包装の削減（＝シンプル包装の推奨）
・店内の容器包装リサイクルの店内PR

実施内容
・前回設置した「リサーチ中」のPOPに変えて「リサーチしました」のPOPを設置。POPにはリサーチした結果の文言4種類を掲載する。
①「余分な箱はありません」②「ぜひ詰め替えを」③「ジッパー付きで保存ができます」④「エコですぐに食べられます」
・トレイの必要性、個包装の必要性について店頭でのYes/NOアンケート調査を実施する。
・店内の容器包装に関する取り組みや、容器包装の回収・リサイクルの実態を紹介するポスターを作成し、店頭へ設置する。

【食チーム】

取り組む内容(課題)
・「愛知県産の旬野菜のPR」

実施内容
・2月～3月にかけて旬である「ブロッコリー」「キャベツ」「ほうれん草」「ハクサイ」「ネギ」の5つの野菜について、食チームメンバーが食べ・調べ・考えてきた内容について意見交換し、メンバー目線で伝えたい情報をPOPに掲載するため、その内容を決定。
【ブロッコリー】芯まで美味しく食べれる
（意見）「芯」の食べ方については大方の人が食べているが、切り方や食べ方について提案してみてはどうか。
【キャベツ】切り方の工夫・部分によって美味しく食べるレシピ
（意見）丸ごとキャベツを水平に上の部分のみカットし、上部はやわらかいので千切りサラダに、下部は固めなので炒め物に向いている。
【ほうれん草】洗い方、ゆで方
（意見）ゆですぎることが多くある。熱湯に1分ほどつけるだけでも十分美味しい。
・根の部分を十文字にカットして洗うと砂が取れやすい
・昔は根元が赤いほうれん草があったが、消費者が嫌がるため、品種改良し、現在は根元があまり赤くないほうれん草が増えた。
・シュウ酸の問題があるが熱湯でくぐらせればほとんど飛ぶ。
【ハクサイ】生食でサラダ感覚で食べるレシピ
（意見）中から痛むので芯の部分から食べるほうが良い。
生食でサラダ感覚で食べれることを知っている人は意外と少ない。
【ネギ】冷蔵庫での保存方法
・長ネギと青ネギは関東と関西で呼び名が異なる。関東では長ネギ＝青ネギ。中部では長ネギというと「こしづねぎ」という愛知の伝統野菜のことを指す。
・POPへは上記内容をイラストとキャッチコピーで表現し、それぞれの野菜についてレシピ写真を掲載。レシピはウェブで見れるように整える。

【エコ商品・PB商品チーム】

取り組む内容(課題)
「モニタリング商品のPOP作成」「モニタリング商品の店内PR方法」

実施内容
・メンバーがお試しで使用した商品7品目について、手書きPOPを作成した。
①ハンドソープ②トイレの洗剤③箱なしティッシュペーパー④キッチン洗剤⑤テーブルふきん⑥濃縮洗剤⑦ドレッシング
・調査した商品の陳列棚を変更して設置することが難しいため(お店側判断)メンバーがお試しした商品をコーナー化して設置する。

●4回、第5回ミーティングでは、3チームそれぞれが、デモンストレーションで取り組む内容とそれに向けた進め方を決定した。
　第6回では具体的な表示物の内容や表現、デザインなどを決定した。

■第7回

・目的／半年間の活動の振り返りとまとめ
・タイムテーブル

時間	内容	ポイント
10:30-11:00 (30分)	<オープニング> ・現場見学 グループごとに、売り場でのデモンストレーションの状況を見学する。	
11:00-11:45 (45分)	<ワークショップ> ① RCの活動を通して買いものやスーパーの見方が変わったこと ② 消費者と流通販売者がより良い関係を築くには？ の2つのテーマについてチームごとに意見を出し合い、発表をする。	・テーマを決めて振り返りをすることで、これまでの活動を踏まえたより良い意見交換ができる。 ・活動全般についてメンバー、及び流通販売側双方から意見をもらうことで、今後のリサーチャーズクラブの計画の参考とする。
11:45-11:50 (5分)	<休憩>	
11:50-12:25 (35分)	<活動全体振り返り> メンバー、流通販売側担当者を含め、全てのメンバーからリサーチャーズクラブに参加しての感想や意見などを発表する。	
12:25-12:30 (5分)	<エンディング> ・今後の活動についての案内 ・アンケート調査の実施（2回目） ・謝礼のお渡し	・リサーチャーズクラブ終了が活動の終了ではなく、その後も継続的に活動ができる方法を提案し、メンバーの自主性に任せて参加してもらえる方法を案内した。 案①：お店の環境配慮型商品の開発会議への出席 案②新しい容器包装での販売に向けた買い手目線の販売方法の検討 案③情報会員

◆ワークショップで出た意見
【容器包装チーム】

【テーマ①】半年間の リサーチャーズクラブの活動を通してお買い物やスーパーの見方が変わった事
・PB商品に注目するようになった！今まで買ったことがなかった商品も買うようになった
・要望 POPを掲示したけど見ながら買い物する人が少ないとことがわかった。概要？おすすめにはもっと分かりやすい表示を
・PB商品の類が多いことがわかった。例えばTシャツ
・今までよりPB商品を購入するようになった
・産地をより以上確認するようになった
・リサーチすることにより商品を多く覚えた
・正直バイオマス容器は知らなかった
・まだまだリサーチャーズクラブを知っているひとが少なかった(アンケートを答えていただく方の中)
・PB商品の内容をしっかりみるようになった
・バイオマス容器に入った商品を買うようになった
・ジッパー付は便利なので優先に買っている
・この活動に参加してからなるべくレジでのビニール袋を使用しなくなった→ごみが減った
・リサイクルステーションを知らなかった私は、今まで何でも(該当するものは)持ってきている
・同様、近所の人にこの店は「100%リサイクルしている」とアピールするようになった
・国産の物か。外国産のものか分かりにくい表示があるので、はっきり表示して欲しい。裏面に小さくしか書いてない…
・情報表示が字が小さく見にくいものが多く大きく書いて欲しいとおもう
・ごみの捨て方が変わるので、今までやっていた分別の意識を変えるのが自分の中では難しくなった
・他店のリサイクルステーションをチェックするようになった
・買い物袋は必ず持参するようになった
・この店ほど綺麗に整理されているところはない
・ごみに対する意識がかわり減らす努力をしています
・PB商品を迷うことなく買うようになった
・一つ一つ商品をしっかり見て買い物するようになった
・バイオマスプラスチックを知りました

【テーマ②】消費者と流通(スーパー、家電、百貨店)のより良い関係を作るには
・売る側(スーパーなど)と、買う側(消費者)の間にアドバイザー的存在を置いて消費者の声を拾う
・消費者目線ですよ！のアピールをする(POPやアンケート、チラシ)
・消費者の意見をもっと聞いて欲しいので意見箱があるといいと思う
・商品に対してスーパー側の意見(POP等)を注目してアピールして欲しい
・買い物している時に聞きたいことがあっても、売り場の方が居ないので案内役が常時いてほしい
・買う側のみの意見を吸収されてもいけないのが、使い勝手etc、消費者の意見が立ち上げてもらう機会がいろんな業種でもっと行われるといい
・モニターなどは大手の会社が行っているが、身近な生活に近いことで行ってほしい。その点、今回はよかった
・リサーチャーズクラブのようにコミュニケーションが取れる場をつくる
・アンケート調査に二日間入って商品を探している高齢者が多かった。(声をかけて)一緒にさがしたり、エコな商品をおすすめしたりした
・エコだと気づくと買ってもらえた
・コンシェルジュサービスがあればいいと思う。サービスととらず、人へのやさしさとして
・「ありがとうございます」といってくれる店
・お客さんがお店のひとに話しかけやすい雰囲気がある
・商品について細かい説明が表示してあること
・売り場という意識を持っている店

● 【容器包装チーム】
 特に容器包装やゴミに対する態度や行動の変容につながる発言が見受けられた。

【食チーム】

【テーマ①】半年間の リサーチャーズクラブの活動を通してお買い物やスーパーの見方が変わった事
・店員を探せ！探すようになりました
・人とのコミュニケーションにより、より身近に感じるようになりました
・リサイクル品がアピタは多いと思いました。サラダ油
・バイヤーの人と関わるのが初めて
・気軽に聞ける
・スーパーが身近に、お知り合いもふえる
・この店がより好きになった♪
・この店があるからここに住む
・この活動で、顔が見えるスーパーに！！
・PB商品を使おうと思う
・POPは店につけたらあまり目立たなかった
・スーパーは食料調達の場だったのが、もっと身近に感じられる(知り合いができた)
・他の店と比較するようになった
・表示は本当に正しいのか
・他店に行ってもこの店と比較するようになった
・おすすめ商品のアピール度売り場でどう表現するか？小売としては課題
・PB商品が増えてよかった
・POP字が小さくてお客様はみにくい。見ないと言われた。
・他店に比べてこの店はPOPが多い。レシピ、保存方法など親切！！

【テーマ②】消費者と流通(スーパー、家電、百貨店)のより良い関係を作るには
・バイヤー側、消費者といかに接点(話す機会)を持つか課題
・作業着のジャンパーに「声をかけてください」などのコメントを！
・社会貢献している
・わずらわしくないコミュニケーション WinWin
・お買い物コンシェルジュ
・地域密着の野菜屋さん 見本
・お客様とのコミュニケーション
・お客様に教えられる バイヤー林様より
・お客様とスーパーとの煩わしい事のないコミュニケーション

●【食チーム】
　活動をしたスーパーマーケットへの愛着が高まったという意見が多く見受けられた。

【エコ商品・PB商品チーム】

【テーマ①】半年間の リサーチャーズクラブの活動を通してお買い物やスーパーの見方が変わった事

- PBのパッケージはもっとおしゃれになればいいな
- リーズナブルで優秀なPB商品が結構あることをしり買うようになりました
- 野菜などの産地を気にするようになりました
- 包装の少ないものを買おうと思うようになった
- 店舗によって雰囲気の差が大きいところもある
- 旬のものを意識的に買うようになりました
- エコ商品の種類がもっと増えるといいなぁ
- エコ商品のハンドソープ、今までは割高とか質が悪いとか偏見があった。使ってみて質がいいとおもった
- 有名メーカーは売り場の目立つところにおいてあるとつくづくおもった
- 買いながら店長とバイヤーの顔が浮かんだ（親しみを感じた）
- 他のスーパーとPB商品を比べるようになった
- 有名メーカーと両方見て、PBを買うことが増えてきた
- 再生トイレットペーパーは以前インチキがあった(本当は再生紙ではない)ので無理している。わりに合わない。だから力を入れていないのではと思っていたが、この店では力を入れていて驚いた
- 商品の陳列方法を注目してみるようになった
- PB商品の製造メーカーを全商品に記載して欲しい(他小売店で記載されてないものがあった)
- ちょっと高くても高品質なPB商品が欲しいなぁ
- 他の買い物をしながらPB商品も一緒に買えるので便利
- 今まで、PB商品のラインナップについて知らなかったが、このチームに入った。ネットで探して商品ケースの陳列を見るようになりました。プライムワンのこだわり(原料、産地)も、とても共感がもてるし皆に勧める
- PB商品を、もっと宣伝して欲しい

【テーマ②】消費者と流通（スーパー、家電、百貨店）のより良い関係を作るには

- ○○さんで売っているものなら安心と消費者が思えるような経営理念のある会社であって欲しいです。
- 損得よりも善悪で行動する企業
- 行事をやって欲しい
- 売り場に案内役(コンシェルジュ)のような人が常に居て欲しい
- PB商品が当たるくじ引きをして欲しい(くじは大好き)
- QRコードに商品に記載しきれない情報を
- リサイクルの取り組みは賛成
- ポイントカードがあったら…
- 陳列している従業員の人が自分の仕事に精一杯で「いらっしゃいませ」をいってくれない(隣にいるのに…)
- 商品の場所を聞いて親切に教えてくれるとうれしい(申し訳ない気持ち)でも、分かりませんと言われると困る
- ポイントガードがクレジット機能が付いたものしかない。
- 企業に商品に関する情報公開を積極的にしてもらう
- 気軽に話しやすい雰囲気作り
- 情報公開
- 野菜売り場の人に旬の物や、野菜のどの部分がおいしいか買い物のときに教えてもらいたい

● 【エコ商品・PB商品チーム】
　改めて商品選びの視点が変わったメンバーが多く見受けられた。

【流通販売者の感想】

【スーパーマーケット側　感想】
・良いこと等、いろんな意見を反映させることが大切だと思う。
・リサイクルボックスがしっかりリサイクルされているのか等、ハッとした。もっとお客さまとコミュニケーションを取ることが大切だと思った。
・思ったよりお客さんのことがわかっていなかったし、キャベツのPOPの上下に切るとかは、小売りにはない発想だったので、勉強になった。
・今後も、よく声をかけていただき、仲良くしていきたい。
・小売りは小売りの立場で考えていたことを知った。深く反省している。
・例えばパッケージ等表示について、自分達としては一生懸命しているが、字を大きくしてほしいとか、インタビューやメンバーに言われたことを持ちかえって商品開発に伝え、良い商品を作っていきたい。
・他店舗に異動するが、何らかの形で関わってもらいたいと考えている。
・店の多くはハードが先行しているが、お店で働いている人への対応をしっかりしていきたい。
・このリサーチャーズクラブの取組み等についても、従業員がしっかり知っている必要がある。
・フォーラムではじめてリサーチャーズクラブの事を知り、今回2回目だが、皆さんの意見をお店の中に伝える事が大切だと思った。
・ジャマとか、従業員の対応は改めさせてもらいたいと思う。

● 【売り手】
　改めて買い手とのコミュニケーションについて気づきを得たという発言があった。

④デモンストレーション・・・対話の場での成果の実現

ミーティングを通じて、それぞれのチームごとにより良い買いものの実現に向けて話し合いをした結果を、売り場を使って他のお客様へのデモンストレーションを実施した。

【容器包装チーム】
＜テーマ＞シンプル包装の推奨
（1）POP の作成
　店内を調査し、簡易包装でおススメの商品には、売り場にオリジナルの POP を設置した。商品ごとにおススメのポイントを検討し、以下の4つをメッセージを POP に記載した。
　①ジッパーつきで便利です！！
　②詰め替えでゴミが削減！
　③ムダな箱はありません。
　④ムダな包装はありません。

おススメポイント

メンバーの顔写真

（2）店舗のリサイクルの取り組みをメンバー目線でPRするポスターの作成

　店舗のリサイクルの取り組みが、買い手に伝わっていないという意見から、店舗の取り組みをメンバー目線でPRするためのポスターを作成し、店内に掲示した。

● これまでは、店舗のリサイクルに関しては、店側からの取り組みの発信のみであったが、今回、リサーチャーズクラブメンバー目線で客観的に取り組みをPRした。

（3）店頭パネル調査

　以下3つの問い
　① 「トレイは必要・不要？」
　② 「店内のリサイクルステーションは利用している？」
　③ 「シンプル包装？個別包装？」
　について、店頭で一般の来店者にパネル調査を行った。

● 「トレイは必要？不要？」では多くの人が「不要」と回答。

【食チーム】
＜テーマ＞愛知県産の旬野菜の PR

　対象野菜である、「ブロッコリー」「キャベツ」「ハクサイ」「ネギ」「ホウレンソウ」の5種類について、それぞれの野菜についてのメンバー目線のポイントと、メンバーが考えたオリジナルレシピ写真を掲載した POP を作成した。レシピはウェブサイトで閲覧ができるように誘導した。

野菜のポイント

オリジナルレシピ

【エコ商品・PB 商品チーム】
＜テーマ＞モニタリング商品の POP 作成および PR 方法の検討

　メンバーがお試しした7種の商品について、試した感想を掲載した POP を作成し、通常の販売場所よりも目立つ場所にコーナーを作り、設置した。

メンバーによる、
商品を使用した感想

・メンバーによる一般の来店者へのインタビュー

　デモンストレーションの内容について、リサーチャーズクラブメンバーが一般の来店者へ直接インタビューを行い、その反応を見る調査を行った。自分たちの考えたことを他の来店者へ発信でき、かつ、それについての意見を聞くことで、自分たちの取り組みについて振り返るとともに活動に対する意義を実感してもらう機会となった。

⑤外部への成果の発信……フォーラムの実施

　リサーチャーズクラブの活動の成果を広く発信するために、フォーラムを開催した。フォーラムは、2部構成とし、第1部では、ゲストを招き、身近な「食」をテーマに講演会を行った。第2部は、リサーチャーズクラブメンバーがチームごとに取り組みを発表し、一緒に活動した店の担当者と公開座談会を行った。第1部で食について、野菜の選び方や調理法「重ね煮」について学び試食を行った。そして第2部でより良い買い物を目指したリサーチャーズクラブの活動を紹介することで、普段の買いものにおける、買い手とのコミュニケーション、学びの機会について考えるきっかけを与えた。

　第2期も，講演会と取り組み発表のフォーラムを開催した。

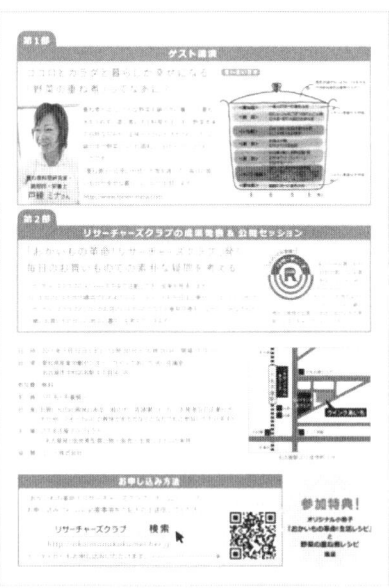

3　予算・・・　約150万円（人件費除く）

　プロジェクトで実施した内容をベースに作成すると、以下のようになる。

- ＜募集＞・・・15万円
  チラシ作製、募集案内の郵送費
  マーケティング会社を使った人材募集費用
  事前説明会実施会場費
- ＜ミーティング＞・・・40万円
  文具、模造紙、付箋、カメラ
  飲み物、お菓子（協賛）
  謝金（@ 3,000円）
- ＜デモンストレーション＞・・・15万円
  POP、ポスター製作費
- ＜情報発信＞・・・40万円
  ブログ　デザイン製作費、サーバー管理費
  ニューズレター、ポスター　デザイン製作費
  ノベルティ製作費
- ＜成果発信のためのフォーラム＞・・・40万円
  チラシ作製、講師謝金、会場費
  チラシ作製、

［著者紹介］
　永田　潤子（ながた・じゅんこ）（大阪市立大学大学院創造都市研究科准教授）
　　　　　第 1 部執筆・編著
　木村（半谷）まい（きむら・まい）（椙山女学園大学研究員）
　　　　　第 2 部執筆
［執筆協力］
　東　珠実（あずま・たまみ）（椙山女学園大学現代マネジメント学部教授）
　小田奈緒美（おだ・なおみ）（愛知教育大学 大学連携共同教育推進事業研究員）
　藤原なつみ（ふじわら・なつみ）（大阪市立大学研究員）

［写真提供協力］中部リサイクル運動市民の会
［表紙デザイン］上村千寿子（うえむら・ちづこ）
［表紙イラスト］久保　尚子（くぼ・なおこ）
［表紙装画］堀尾　正靱（ほりお・まさゆき）

＊本書で取り上げている「お買い物革命！プロジェクト」はユニーグループ・ホールディングス（株）及び（株）ジェイアール東海髙島屋の全面的な協力を得て実現したものです。

また、「お買い物革命！プロジェクト」について、より詳しく紹介した「おかいもの革命！消〜費者と流通販売者の相互学習型プラットホームによる低炭素型社会の創出〜」（公人の友社　2014 年 3 月）も発行しています。

生存科学シリーズ 10
お買い物で社会を変えよう！
"Shopping for a Better World"

2014 年 3 月 19 日　初版第 1 刷発行

　編　著　　永田　潤子
　監　修　　独立行政法人科学技術振興機構社会技術研究開発センター
　　　　　　「地域に根ざした脱温暖化・環境共生社会」研究開発領域
　発売所　　公人の友社
　　　　　　〒 112-0002　東京都文京区小石川 5-26-8
　　　　　　TEL 03-3811-5701
　　　　　　FAX 03-3811-5795
　印刷所　　倉敷印刷株式会社

ISBN978-4-87555-638-1